Basics of Starting a Business

これだけは知っておきたい

「独立・起業」の基本と常識

**開業の準備・手続きから
事業を軌道に乗せるノウハウまで解説!**
◉事業プラン、資金計画の立て方がよくわかる!
◉売上アップの販促・営業のコツがよくわかる!
◉独立1年目からの節税ポイントがよくわかる!

公認会計士・税理士
高橋敏則【著】

フォレスト出版

はじめに

「独立したい！」と思ったら、まずこの本から始めましょう

本書を手にとっていただき、ありがとうございます。

本書は、**独立・起業を考えている人向けの入門書**として書いたものです。

初めて事業をするとなると、本来の業務だけでなく、店舗・事務所などの契約をはじめ、資金調達、マーケティングと広告・宣伝、営業活動、会社設立、従業員の採用、経理・申告など、**あなたがこれまで経験したことのない、数多くの業務をこなさなければなりません**。

経験したことのない業務を無難にこなすには、**事前の情報収集や学習、準備が欠かせません**。そのためには、新規開業者向けのセミナーに参加したり、起業した先輩の体験談を聞いてみるのもよいでしょう。経験者の話を直接聞いて、ナマの情報が得られれば、大いに参考になるかと思います。

もっとも、自分の身近に体験談を話してくれる人がいるといったケースは限られてくるでしょうし、人から聞く話はどうしても断片的な情報になってしまいがちです。

そこで、**起業に必要な知識を網羅した本**を読んで、起業とはどういうことで、何が必要

になるのかといった**全体像を理解しておく必要があります**。

そのために書かれたのが本書です。まず第1章「**はじめの一歩を踏み出す前に**」では、独立・起業を思い立ったときから会社を辞めるまでの流れについて解説します。ここではあなたが、サラリーマンのほうが向いているのか、独立してもやっていけるのかが重要なポイントになります。

つづく第2章「**事業プランと資金計画の立て方**」は、独立・起業にあたってもっとも重要なところです。そして第3章「**開業に向けた具体的な準備**」は、事業を始める前までに決めておきたい、やっておきたい諸項目をとりあげています。

第4章「**独立1年目の売上アップ術**」では、売上を増やすためのマーケティングや営業についての基本的な説明をします。売上がないと事業をつづけることができなくなりますので、起業にあたってもっとも重要なことの1つです。

そして、個人で事業をやる人は第5章「**個人事業はこうして始める**」を、また、会社をつくって事業をやる人は第6章「**株式会社はこうしてつくる**」を読んでください。どちらか迷っている人は、まず**個人事業で始める**ことをおすすめします。個人事業で始めたのち、いつでも会社組織に変更できるからです。

さらに、従業員を雇うのであれば第7章「従業員を雇うときの実務」程度の知識は備えておいてください。第8章「経理のやり方と節税ポイント」は、起業する人すべてにとって最低限必要な知識です。

独立・起業は人生最大のイベントです。自分の力で新しくビジネスを始めるかどうか、それが成功するかどうかによって、その後のあなたの人生は大きく異なってくるはずです。起業が成功するか、失敗するかの分かれ目の1つは、**起業の準備が十分にできているかどうか**にあるといえます。起業できるだけの資金が準備できているか、技術や経験が蓄積されているか、起業に必要な知識が習得されているかなどです。本書で学んだことが、起業の成功に少しでもお役に立てれば幸いです。

公認会計士・税理士　高橋敏則

これだけは知っておきたい「独立・起業」の基本と常識 [目次]

はじめに 3

第1章 はじめの一歩を踏み出す前に

1 ほんとうに独立・起業しますか? …………… 20
↓サラリーマン時代よりも仕事の負担が大きく、経済的には波がある

2 起業する前にシミュレーションしよう …………… 22
↓情報収集と実体験から分析・検討。具体化するほど事業が形になってくる

3 起業で成功する8つの資質とは? …………… 24
↓自分の強みと課題を見きわめることは、経営者感覚を身につける第一歩

4 いまやっている仕事で起業するなら? …………… 26
↓スタートからアドバンテージがある。メリットを生かせば成功しやすい

5 資格や趣味を生かして起業するなら? …………… 28
↓資格系は社会的ニーズをチェック。趣味系はビジネス感覚しだい!

Contents

6 アイデアを形にして起業するなら？ ……… 32
↓ ニーズを読みとる力で勝負。アイデアしだいで大当たりする可能性あり

7 フランチャイズで起業するなら？ ……… 36
↓ メリットばかりではない。加盟条件をよく吟味することが大切

8 独立・起業までの流れは？ ……… 38
↓ あわてずに、いまの仕事をつづけながら着々と準備を進める

9 在職中に準備することは？ ……… 40
↓ 同僚や取引先から必要な情報を得たり、業務の知識を習得する

10 円満退職するポイントは？ ……… 42
↓ 辞意は早めに上司に伝える。取引先への報告も忘れずに行う

11 失業保険・社会保険はどうなる？ ……… 44
↓ 退職日から2週間以内に諸官庁で所定の手続きを済ませる

(コラム) 頼れる専門家の相談相手をもとう　46

第2章 事業プランと資金計画の立て方

1 事業プランで検討することは? ……48
↓
第三者にもわかるように事業の独自性を明確にして文書にまとめる

2 事業コンセプトはどうする? ……52
↓
事業の目的や方向性が、ひと言で伝わるキャッチコピーをつくる

3 マーケット環境はどうか? ……54
↓
業界動向やマーケットの現状を知れば事業のヒントが見つかる

4 ターゲット客はどうする? ……56
↓
お客様像を明確にするほど、事業の方向性と施策が明確になる

5 自社の強みをもつには? ……58
↓
6つの要素を手がかりに、顧客にアピールできる強みを探す

6 経営プランを立てるには? ……60
↓
売上、仕入費、必要経費を予想して利益の目標を計算する

Contents

7 個人事業にするか、会社を設立するか? ……………… 62
↓ 手軽さや自由さなら個人事業、税金面ほかメリットが多いのは会社設立

8 資金計画を立てるには? ……………… 66
↓ 開業資金と運転資金に分けて、それぞれいくら必要か算出する

9 資金調達の方法には何がある? ……………… 68
↓ 借りやすいのは日本政策金融公庫や地方自治体の制度融資

10 日本政策金融公庫の融資制度とは? ……………… 70
↓ 金利が低く、融資期間が長い。個人でも会社でも利用できる

11 自治体の制度融資とは? ……………… 72
↓ 利用条件や限度額は各自治体によって異なるので注意

12 助成金・補助金を利用するには? ……………… 74
↓ 面倒な手続きを乗り越えて承認されれば、返済は不要

コラム 会社なら赤字を9年間もちこせる 76

第3章 開業に向けた具体的な準備

1. **許認可が必要な事業か?** ……… 78
   ↓ 審査に時間がかかるものもあるので、申請は早めに行う

2. **屋号・商号を決めるには?** ……… 80
   ↓ 誰でも読めて印象に残る名称がベスト

3. **印鑑はどんな種類が必要か?** ……… 82
   ↓ 事業用の印鑑は用途別に数種類用意する

4. **印象的な名刺をつくるには?** ……… 84
   ↓ 事業コンセプトが伝わる、一貫したデザインを心がける

5. **パンフレット作成のポイントは?** ……… 86
   ↓ パンフレットはターゲットとイメージづくりを明確にする

6. **ホームページをつくるには?** ……… 88
   ↓ 安価で効果的な販促ツール。アクセス数を増やす工夫がポイント

Contents

7 店舗・事務所を構えるには? ……………… 90
↓ 立地や賃料のほか、事業に不利な付帯条件はないかも確認する

8 SOHOで始めるには? ……………… 94
↓ 自宅を仕事場にすれば低コストで開業できるなどメリットが多い

9 設備・備品の準備はどうする? ……………… 96
↓ リサイクルショップやリースを利用すれば開業費を抑えられる

10 金融機関とはどうつきあう? ……………… 98
↓ 用途に応じて預金を分ければ信用や利便性がアップする

11 運営のルールはどうする? ……………… 100
↓ 就業時間や支払日を決めることは対外的な信用面からも必要

12 仕事のパートナーはどうする? ……………… 102
↓ お互いの欠けている能力を補いあえる共同経営が理想的

13 仕入先の確保と取引の仕方は? ……………… 104
↓ 仕入先の良し悪しは事業の成否に関わる重要ポイント

第4章 独立1年目の売上アップ術

[コラム] レンタルやリースを上手に利用する ……… 106

1 開業当初の営業はどうする? ……… 108
↓ 開業直後はアポがとりやすい。直接会ってアプローチする

2 売上を上げる・利益を増やすには? ……… 110
↓ 相場と需要を勘案して適正な販売価格をつけることが大切

3 マーケットを調査するには? ……… 112
↓ 他社から学び、お客様の声を聞いて商品・サービスの向上に生かす

4 品揃えやサービスをよくするには? ……… 114
↓ 事業の成長は商品・サービスの進化とともにある

5 効果的な広告・宣伝をするには? ……… 116
↓ まずタウン誌やフリーペーパーで試してみる。看板も目をひく工夫を

Contents

第5章 個人事業はこうして始める

1 開業に必要な届出は? ……… 126
↓ すべての事業者が必ず作成・提出するのは税金に関する届出書類

2 個人事業の開業・廃業等届出書を出す ……… 128
↓ 事業開始日から1カ月以内に所轄の税務署へ必ず届ける

6 顧客を増やすにはどうする? ……… 118
↓ リピーターをつくり、口コミで新規客を獲得する

7 インターネットを使った集客はどうする? ……… 120
↓ いまやSEO対策やツイッター、フェイスブックの利用は当たり前

8 人脈や情報網を広げるには? ……… 122
↓ アンテナを張りめぐらせ、チャンスは積極的に利用する

(コラム) 経営セーフティ共済と小規模企業共済　124

第6章
株式会社はこうしてつくる

1 会社の種類にはどんなものがあるか？ ……… 140
↓ 信用度・税金対策・設立費用のメリットを比較検討する

3 所得税の青色申告承認申請書を出す ……… 130
↓ 開業日から2カ月以内に税務署に届け出ればメリットが大きい

4 家族従業員に給与を払うときに出す届出 ……… 132
↓ 家族従業員に払う賃金を全額必要経費にできる制度がある

5 従業員を雇ったときに出す届出 ……… 134
↓ 給与から所得税を源泉徴収して納付する義務が生じる

6 源泉所得税の納付を年2回にする届出 ……… 136
↓ 毎月納税する手間がはぶける便利な制度がある

[コラム] 事業が大きくなったら「法人成り」する 138

Contents

2 株式会社を設立する手順 142
↓ 個人事業と違って必要書類の作成など手間と時間がかかる

3 定款を作成して認証を受ける 144
↓ 定款は3部作成。不明な点は事前に公証役場に相談する

4 会社に出資する 148
↓ 現金でも現物でもOK。現物出資は評価額を500万円以内にする

5 会社の設立登記を申請する 150
↓ 審査で申請書類に不備が見つかった場合は補正が必要となる

6 税務署に届出をする 152
↓ 書類ごとに提出期限が異なるので注意する

〔コラム〕設立登記の申請書類は慎重につくろう 154

第7章 従業員を雇うときの実務

1 従業員の募集の仕方は? ... 156
↓ 募集方法や掲載媒体は、求める人材の内容をよく考えて決める

2 従業員を採用するときは? ... 158
↓ 労働条件を周知させてトラブルを未然に防ぐ

3 労働保険に加入するには? ... 160
↓ 従業員を雇ったら雇用保険と労災保険の手続きをする

4 社会保険に加入するには? ... 164
↓ 窓口は年金事務所。法人は原則加入しなければならない

5 給与計算はどうやる? ... 166
↓ 毎月の給与支払いはルーチンワークとしてとどこおりなく行う

6 年末調整と源泉徴収票の作成は? ... 170
↓ 年末調整で所得税を確定し、給与支払報告書を提出する

第8章 経理のやり方と節税ポイント

コラム 労働基準法のあらましを知ろう　172

1 領収書や請求書の整理の仕方は？
↓ 必要なときにすぐ取り出せるように整理しておく　174

2 毎日の経理はどうやる？
↓ 事業形態や申告方法ごとに経理の仕方が異なるので注意　176

3 支払う税金はどうなっている？
↓ 売上が増えるほど株式会社のほうが税制面で有利になる　180

4 消費税はどうなるか？
↓ 原則として開業から2年間は消費税を納付する必要はない　184

5 確定申告の手続きはどうする？
↓ 個人事業は3月15日まで、会社は決算日から2カ月以内に申告する　186

Contents

6 決算書を経営に生かすには？ 188
↓
損益計算書、貸借対照表から経営のヒントを読みとる

7 個人事業の節税のポイントは？ 190
↓
青色申告の特典を生かすことが節税の基本

8 株式会社の節税のポイントは？ 192
↓
役員給与を上手にとることが節税の基本

(コラム) 面倒な経理は会計ソフトで解決！ 194

索引 195

本書の内容は2012年7月時点の情報をもとに作成しています

■装　丁／藤瀬和敏
■編集協力／麻生泰子、有限会社クラップス
■DTP／田中由美
■イラスト／MICANO

第1章 はじめの一歩を踏み出す前に

1 ほんとうに独立・起業しますか?

◤ サラリーマン時代よりも仕事の負担が大きく、経済的には波がある

起業すれば自分の裁量で仕事ができて、しかも、事業が成功すれば高収入も夢じゃない——。一見すると、独立・起業には、サラリーマン人生にはない夢と可能性が詰まっているように見えます。でも同時に、起業とはあなたの人生にこれまでになかったリスクを背負うことでもあります。サラリーマンのメリットは、安定した収入と、仕事の範囲や責任が限定的であること。一方、起業すれば、**来月の収入がゼロ**になる可能性もあります。さらに、本来の仕事以外に、自分自身で経理をこなし、営業マンにもなり、ときには人事担当にもなって、**1人何役もこなして**事業を展開していかなければなりません。

やる気や熱意、アイデアだけでは、ビジネスは成功しません。**経営の知識**、世の中の流れやニーズをくみとる**客観的な視点**、将来を描くビジョンが備わって、初めて起業ビジネスで生き残れる可能性が見えてきます。必要なのは、起業家としての情熱と、経営者としての冷徹さ。この本では、起業で成功するには何を考え、どんな準備や手続きをしたらいいのか、**着実に事業を展開するためのアクション**を紹介していきます。

第1章 はじめの一歩を踏み出す前に

⊖ こんなに違う、起業家とサラリーマン

自分にあっているほうのチェック欄に○をつけて、どちらが向いているか比較してみよう

起業家 / サラリーマン

チェック / チェック

仕事面

起業家		業務内容		サラリーマン
自分で選択・裁量		**業務内容**		会社の指示に従う
自分のペース		**業務時間**		決められた時間
自分に帰属		**責　任**		職務の範囲内
自分で行う		**経理・雑務**		限定的

金銭面

0円～高収入も		**収　入**		一定の収入
自己負担		**経　費**		会社負担
自分で収支を計算し、申告する必要あり		**税　金**		会社が代行（給料から天引き）

将来的な安定

国民年金		**年　金**		厚生年金（会社の負担金もあり）
国民健康保険		**健康保険**		会社・団体による健康保険
なし		**雇用保険**		あり
原則なし		**労災保険**		あり
原則なし		**退職金**		あり

2 起業する前にシミュレーションしよう

☑ 情報収集と実体験から分析・検討。具体化するほど事業が形になってくる

あなたが起業で成功するか否かの分かれ道は、構想段階からすでに始まっています。業種の選択、事業形態、開業資金、経営手法——事前にどれだけ情報を集められて、最適な選択ができるかにかかってきます。

そのために必要な作業が、**シミュレーション**です。自分はどんな商売ができるのか？ ノウハウがあるのか？ お金を払ってくれるお客様はどんな人か？ どのように広告・宣伝すれば人が集まるか？ それにはお金がいくら必要か？——これらのことを、**正確に予測して事業を運営していく能力**が、経営者には求められるのです。

ただし、シミュレーションといっても、机上で展開するだけではなかなか現実味を帯びてきません。起業の準備段階は、いわば「お試し期間」。おすすめしたいのは、まず**副業**として始めてみたり、**週末起業**したり、起業を考えている業種に**転職**するなどして、**ビジネスの実際を体験する**ことです。自分の資質や世間の反応などが肌感覚でわかると、準備や選択の判断がより的確なものになり、起業前から成功への流れができてきます。

→ 起業のシミュレーションをしよう

INPUT

情報収集
本・雑誌
インターネット
勉強会

実体験
副業
週末起業
転職
見習い

分析・検討

起業シミュレーション

- 商品・サービスは何？
- ノウハウはある？
- 開業資金はいくら？
- 顧客像はどんな人？
- 事業形態はどうする？
- 広告・宣伝はどうする？
- 開業準備は何が必要？

これらが具体的になるほど起業の成功が見えてくる！

OUTPUT

3 起業で成功する8つの資質とは？

↙ 自分の強みと課題を見きわめることは、経営者感覚を身につける第一歩

ビジネスの成功には、最終的に個人の資質やメンタリティがモノをいいます。これから独立・起業しようとしているあなたは、経営者として事業を成功させることができる資質を備えているでしょうか。たとえ、いまの勤め先で、どんなに仕事ができるサラリーマンであっても、会社員感覚のままでは経営者として成功できません。

経営者として自分自身を見たときに、どんな**長所と短所**があるのかを、起業前にしっかりと把握しておくことが大事です。これは、自分の強みを見つけ、あるいは今後の課題をあぶり出す作業でもあります。

ここで行うのは、**自分の棚卸し**です。左図にあげた**経営者に必要な8つの資質**について、自己採点をしてみましょう。

ここで厳しく自分を客観視することは、世の中の流れを見きわめ、人を見る目を養うことにもなります。こうであってほしいという願望で物事を見るのではなく、ひいき目なしに事実を見ることができるのが経営者の資質です。

第1章 はじめの一歩を踏み出す前に

→ 経営者に必要な8つの資質をチェックしよう

Step1
下記の8つの項目について5点満点で評価してください

(点) 1　2　3　4　5

経営力 収入アップの方法やコスト管理について考えるのが得意だ

企画力 新しい商品やサービス、業務の改善などを考えるのが得意だ

技術力 自分がコツコツと積み上げてきたノウハウや技術がある

営業力 初対面の人に自分の思いを伝えるのが得意だ

人脈力 今後、仕事で関われそうな知り合いやブレーンがいる

業界力 起業する分野に詳しく、将来の方向性など自分なりの展望がある

統率力 人に指示をしたり、仕事を教えることが得意だ

継続力 1つのことをあきらめずに、試行錯誤しながら継続するほうだ

Step2
上記の点数をレーダーチャートに書き込み、線で結んでください

判定
多角形の面積が大きいほど、経営者としての資質を兼ね備えています。高い点数が出たのがあなたの強み、低い点数が今後の課題です

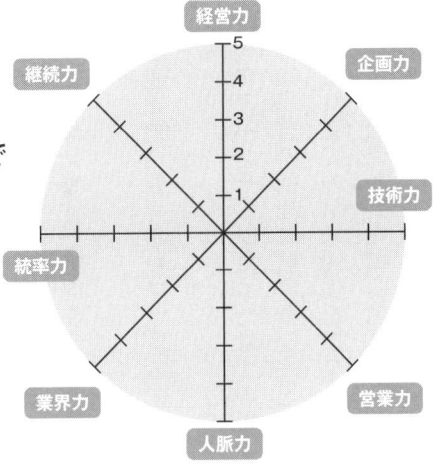

4 いまやっている仕事で起業するなら?

↙ スタートからアドバンテージがある。メリットを生かせば成功しやすい

いままでの仕事の経験を生かして独立するというのが、独立・起業でもっとも多いケースです。自分の仕事スキルが積み上がっていることはもちろん、業務内容を把握しているし、業界の動向や顧客のニーズも的確につかめているはずです。また、人脈や仕入先を確保しやすく、独立後のシミュレーションも組み立てやすいといえます。スタート地点から大きなアドバンテージがあります。

いまの仕事の延長線上で起業することは、**成功への近道**です。もっともローリスクな起業への道といえるでしょう。

しかし、油断は禁物です。やり方や状況によっては、アドバンテージだったはずの要素が逆にマイナスに転じてしまうこともあります。たとえば、前の会社の顧客や仕入先を取引先にするときは、前の会社の理解をとりつけるなど、これまでの信頼関係を損なわないように**慎重に行動する必要があります**。前の職場とはいえ、独立したら競合他社になります。起業のアドバンテージを損なうような行動には十分注意しましょう。

第1章　はじめの一歩を踏み出す前に

➜ いまの仕事と同じ業種で起業するメリットは?

- スキルが生かせる
- 業界のニーズを把握している
- 顧客・仕入先が確保しやすい

など多数!

➜ いまの仕事と同じ業種で成功するための3原則

❶ 取引先を慎重に選ぶ

前の会社の取引先を顧客にするときは、事前に根回ししておく。前の会社を顧客にすることができれば Win-Win の関係を築ける

❷ 自分のセールスポイントをもつ

いままでの仕事経験が生きるとはいえ、まったく同じことをしていては他社と差別化できない。顧客の立場から自社を選ぶメリットを考えることが必要

❸ スキルを増やす努力をする

起業すれば、経理や営業など専門以外の業務もすべて自分でやらなくてはならない。それに対応できるように自分の能力を高める努力が必要

5 資格や趣味を生かして起業するなら？

資格系は社会的ニーズをチェック。趣味系はビジネス感覚しだい！

いままでの仕事とは関係ない分野に、思いきってチャレンジする起業もあります。

これは、行政書士やファイナンシャルプランナー、各種インストラクターなどの資格を取得して起業する「**資格系**」と、これまで自分が打ち込んできた趣味の分野で起業する「**趣味系**」の2つに大別されます。

いずれも、初めてお客様からお金をいただく仕事になるので、独立するにあたっては十分な事前準備が必要です。

●専門の知識・技術が役立つ「資格系」起業

資格を生かした起業は、専門の知識と技術が強みになり、資格をもつこと自体が自分の能力を証明する看板になります。未経験であっても、資格がモノをいう業界なら、起業することはそれほどむずかしくありません。

資格を取得するには、公的機関の技能演習や職業訓練、民間の各種スクールなどがあり

資格を生かした起業で役立つのは?

●起業に必要な資格例

事 業	おもな資格	資格種類・実施団体
士 業	税理士・司法書士・行政書士・社会保険労務士・土地家屋調査士・弁理士など	国家資格
損害保険代理店事業	損害保険募集人	日本損害保険協会
証券仲介業	2種証券外務員	日本証券業協会
不動産業	宅地建物取引主任者	国家資格
介護事業	介護福祉士	国家資格
マッサージ治療院	あん摩マッサージ指圧師	国家資格
美容室／理容室	美容師／理容師	国家資格
クリーニング業	クリーニング師	国家資格

●起業に有利になる資格例

事 業	おもな資格	資格種類・実施団体
経営コンサルティング	中小企業診断士	国家資格
マネーコンサルティング	ファイナンシャルプランナー	国家資格
DTPデザイナー	DTP検定 DTPエキスパート	㈳日本経営協会 ㈳日本印刷技術協会
翻訳者	JTFほんやく検定	㈳日本翻訳連盟
料理教室	調理師／栄養士	国家資格
飲食店	調理師	国家資格
製菓事業	製菓衛生師	国家資格
リフレクソロジーサロン	リフレクソロジスト	各スクールでの認定資格
エステティックサロン	CIDESCOインターナショナル・エステティシャン	㈳CIDESCO-NIPPON
整体治療院	カイロプラクター 柔道整復師	各スクールでの認定資格 国家資格
トリマー・ペットショップ	JKC公認トリマー	㈳ジャパンケネルクラブ
インテリアコーディネイト	インテリアプランナー インテリアコーディネーター	㈳インテリア産業協会
ビル管理業	ビル経営管理士	㈶日本ビルヂング経営センター

ます。テキストや通信講座などで独学する方法もありますが、スクールに通えば、**独立後のネットワークづくりやノウハウが得られる可能性があります**。また、効率的に学習できるカリキュラムが組まれているので、時間的、経済的な余裕があるのならスクールに行くのがベターといえます。

しかし、資格を取得しただけでは起業はできません。資格をとる勉強を始める前に、その資格だけで**十分な収入を得られる状況にあるのか**、**世間的に広く認知されていてニーズがあるのか**、といったことを事前にリサーチしておく必要があります。

また、資格取得後は、起業に向けた準備として、仕事のダンドリや経営のノウハウを学ぶために、**同業者のもとで働くことも必要**でしょう。資格取得による起業をめざす人は、資格をとる勉強と同時に、起業に向けた準備を進めておくことが大切です。

●熱意を武器にビジネス感覚を磨く「趣味系」起業

自分が好きで打ち込んできた**趣味を生かした仕事**ができれば、その喜びは大きく、モチベーションも高まります。好きだからこそ苦労も耐えられるでしょうし、仕事のアイデアも次々に湧いてくるでしょう。**趣味を通じて培った人脈**が、心強いアドバイザーやサポーターになってくれる可能性もあります。

第1章　はじめの一歩を踏み出す前に

ただし、趣味ならば自分さえ満足できればいいのですが、それを仕事にするとなると、お客様に満足してもらえる商品やサービスを提供できなくてはなりません。そのため、自分の知識や技術が対価を得られるだけの高いレベルに達しているかどうかを、冷静に判断する必要があります。

また、仕事を趣味の延長のつもりでいると、原材料や手間に過度にこだわってしまい、コストがかかりすぎて採算のとれない商売になりかねません。

事業である以上、**趣味の感覚とは一線を画して、つねにコスト管理や採算を考えること**が大切です。

趣味を生かした開業は、たとえばバラ専門のフラワーショップやハワイアンキルトの専門店というように、**個性的で、ほかにない魅力で差別化**できます。いまの時代、こうしたこだわりは事業の強みになりますが、一方で顧客がつくまでに時間がかかったり、商売自体に当たりはずれがあることも心しておきましょう。

いくら自分の好きなことでも、それを仕事にして食べていくには、やはり商売のノウハウを身につけておく必要があります。それには独立する前に、副業や週末起業、転職、見習いなどで、**ビジネスの現場を経験しておくべき**でしょう。

6 アイデアを形にして起業するなら?

↙ ニーズを読みとる力で勝負。アイデアしだいで大当たりする可能性あり

ちょっとしたきっかけや発想の転換から、新しい事業が生まれる可能性もあります。主婦が子育て支援のヘルパー事業を始めたり、サラリーマンだった人が発明品を販売する事業を立ち上げたり、あるいは最近では、健康や環境エコに特化した商品やサービスを提供する事業がヒットする傾向もあります。

それまで誰も思いつかなかったアイデアがきっかけとなって、新しいビジネスが生まれる——ニッチをねらった、すきま産業的な事業がヒットする可能性は、いつの時代もあるのです。

● 発想力＋ニーズを読みとる力が必要

新しいアイデアから事業を展開するには、ニーズを読みとる力が不可欠です。いくら目新しい発想でも、その商品やサービスを必要とする人が一定の割合で見込めないことには、ビジネスは成り立ちません。

32

第1章 はじめの一歩を踏み出す前に

→ 事業に必要な3つのニーズ

時代のニーズ
IT、グローバル化、環境エコ、健康、美容など、**トレンドや時代の要請にあった事業**

消費者のニーズ
個人の嗜好、衣食住に関する商品サービスなど、**一定のニーズが認められる事業**

社会のニーズ
少子高齢化、働く女性の急増など、社会の変化、あるいは地域特有のニーズから生まれる、**社会の需要に即した事業**

> ビジネスは
> ニーズありき！
> いずれかに合致した
> ビジネスである
> ことが大切！

→ アイデアを生かしたビジネス例

特化型ネット通販事業
介護用品や乳児用品など特定の世代向け、健康食品や防災グッズ、輸入品など特化した商品展開

情報力でサイト運営事業
自社にしか入手できない有益な情報を提供したり、掲示板などで人を集めるサイトを運営して、企業の広告収入を得る

移動店舗のローリスク経営
駐車場やビルの広場などを格安で借りて、移動車両でエスニック料理やオーガニック野菜などを販売

ノウハウ命のコンサル事業
片づけアドバイザー、セルフプロデュースプランナー、就活アドバイザーなど、独自のノウハウやセンスを生かしたコンサル業

●継続できる独自性をうち出せるかが分かれ道

アイデアを事業化する際に、ニーズに次いで重要なのが、**成長性・継続性のある分野**であることです。たとえ、ニーズがあるにしても、それが一時的なものならば事業として継続できる可能性は低いといえます。あるいは、あっという間に同業者が増えて淘汰されてしまったり、大資本が参入してきて押しつぶされてしまう可能性もあります。立地面や価格の競争になると、資金が潤沢なほうが有利に展開できるからです。

こうした競争に生き残るには、**自社にしか提供できない商品やサービスをもつこと**が必要となってきます。

たとえば、秘伝の調理法によるカレーショップや、地域の伝統産業と融合した小間物屋などは、独自のノウハウとネットワークを生かしています。また、特許を取得した技術・商品を売りにすれば、独自性がもてます。このように、ちょっとやそっとでは**他社が真似のできない独自性**をいかに打ち出せるかがカギとなります。

さらに、すでに多くの同業者が進出している分野であれば、新規参入の余地の有無や、差別化できる武器やアイデアがあるか否かを、冷静に判断する必要があります。

左図にあげた7つの質問は、発想の転換によって新しいアイデアを生み出すのに有効な手法です。これから事業をしていくうえで、さまざまな局面で役立つでしょう。

第1章　はじめの一歩を踏み出す前に

➡ 発想の転換に役立つ7つの質問リスト

Q1 ほかのものと替えられないか？ (Substitute?)
（例）子どものゲームを大人向けに販売

Q2 結合できないか？ (Combine?)
（例）ヨガ教室とカフェの合体

Q3 応用・適用できないか？ (Adapt?)
（例）ランチのセットをディナーでも提供

Q4 拡大できないか？ 修正できないか？
(Magnify? Modify?)
（例）既製品を自分にあわせる逆オーダーメイド店

Q5 ほかの使い道はないか？ (Put to other uses?)
（例）夜間営業のバーを昼間はギャラリーにする

Q6 削除できないか？ (Eliminate?)
（例）テイクアウトにすると料金を割引するサービス

Q7 並べ替えられないか？ 逆にできないか？
(Rearrange? Reverse?)
（例）太りたい人のためのヘルシーメニューを考案

（オズボーンの手法をボブ・イバールがアレンジした SCAMPER 法より）

7 フランチャイズで起業するなら?

↙ メリットばかりではない。加盟条件をよく吟味することが大切

独立開業の近道の1つに、フランチャイズチェーン（FC）に加盟する方法があります。FCとは、個人事業主が事業本部と契約を結び、「加盟店」として事業を営むものです。コンビニエンスストアをはじめ、ファストフード店やラーメン店、介護サービス施設、学習塾など幅広い事業で展開されています。本部からは、事業のノウハウや商標使用権などが提供され、事業主は加盟料や売上に応じたロイヤリティなどを支払います。

FCに加盟するメリットは、確立されたビジネスモデルのもとで事業展開できるので**失敗するリスクが低いこと**、またノウハウがマニュアル化されているので未経験でも始められることです。一方、デメリットは、加盟店の裁量が制限されるので**事業主が自由に経営できないこと**、売上の一部を**ロイヤリティとして支払わなくてはならない**点です。

FCで起業する際に大事なのは、本部のビジネスモデルや理念に共感できることです。そのうえで、**加盟条件を十分に吟味し**、シミュレーションを行って事業が成り立つかどうかを検討してから判断しましょう。

⊖ FC加盟のメリットとデメリット

	メリット	デメリット
経営面	未経験の分野でも、**短期間で独立開業できる**	自分の裁量で経営できない
仕入面	**安定した仕入先**を確保でき、**大量仕入**で割安になりやすい	仕入先は指定・限定されやすい
知名度	本部の**ブランド力・知名度**で集客可能	他の加盟店の評判に影響される
成功率	実績ある経営ノウハウを利用できるので**成功確率が高くなる**	本部への依存度が高く、本部が倒産したり、経営難に陥ったときにあおりを受ける

⊖ FC開業までの流れ

情報収集 《 業界誌、インターネット、FCフェア、セミナーなどで情報を集める

▼

FCの選択 《 候補となった本部、既存店を訪問。加盟条件を吟味して本部を決定する

▼

本部による審査・面接 《 本部側から意思確認や適性などを審査される

▼

FC加盟契約 《 契約の締結と加盟金の支払い

▼

研 修 《 接客や営業などの指導を受ける

▼

開 業 《 いよいよ本番!

8 独立・起業までの流れは?

↙ あわてずに、いまの仕事をつづけながら着々と準備を進める

「独立・起業する!」と思い立っても、すぐに事業を始められるわけではありません。情報収集や資格の勉強など、開業に向けた準備はできるだけ**いまの仕事をつづけながら進めて、資金のめどや開業のダンドリが整ったところで、会社を辞めるのが理想的です。**

開業までに必要なステップは、**個人事業**にするか、**会社を設立する**かで異なります。個人事業なら、開業の手続きや資金は比較的コンパクトに進められますが、会社設立となると作成・提出する書類が多く、個人事業と比べると開業に必要な費用もかさみます。

また、業種や事業内容によっては営業の許認可(78ページ参照)が必要だったり、従業員を雇用する場合は給与支払事務所等の開設届出書(134ページ参照)を提出しなくてはならないなど、**自社の事情によって必要な手続きが異なる**ので注意しましょう。

時間的な目安は、独立の準備に**1年前後**(資格取得を除く)、開業手続きと開店準備に**1~3カ月程度**です。時間をかけすぎると、時代とズレが生じますし、急ぎすぎると準備不足になります。あわてずに、いまの仕事をつづけながら着々と準備を進めましょう。

第1章 はじめの一歩を踏み出す前に

● 開業までのおおまかなスケジュール

独立準備
- 事業のシミュレーションをする （22ページ参照）
- 事業プラン （48ページ参照）、
  事業コンセプト （52ページ参照）、
  資金計画 （66ページ参照）を練る
- 個人事業か会社設立かを決める （62ページ参照）
- 屋号や商号を決める （80ページ参照）

退職手続き
- 円満退職に向けて準備・行動 （42ページ参照）
- 失業保険・社会保険の手続き （44ページ参照）

開業手続き
- 事業に必要な届出を提出
  （営業の許認可、従業員の雇用など）

個人事業の場合
- 個人事業の開業・廃業等届出書 （128ページ参照）、
  事業開始等申告書の提出
- 白色申告・青色申告の決定 （130ページ参照）

会社設立の場合
- 定款の作成と認証 （144ページ参照）、
  出資金の払い込み （148ページ参照）
- 法務局に設立登記 （150ページ参照）

開業準備
- 事業の拠点となる物件を決定する （90ページ参照）
- 資金を調達する （68ページ参照）
- 名刺やパンフレットをつくる （84・86ページ参照）
- ホームページをつくる （88ページ参照）
- 設備・備品の準備 （96ページ参照）
- 事業運営のルールを決める （100ページ参照） など

9 在職中に準備することは?

↙ 同僚や取引先から必要な情報を得たり、業務の知識を習得する

開業後、事業をスムーズに軌道に乗せるには、**会社勤めをしているあいだに綿密な計画を練っておくことが大切です**。いきなり会社を辞めてしまい、無収入の状態で起業の準備をしては、事業用の資金が生活費に消えてしまうことにもなりかねません。また、準備を進めていくうちに、思ったよりも開業までに時間がかかると気づくこともよくあります。

とくに、いままでの仕事の経験を生かして独立・起業する場合は、**突然会社を辞めてしまってはデメリットのほうが大きいもの**です。

在職中にしかできない起業準備もあります。たとえば、就業時間外に取引したい仕入先や外注先の情報を集めたり、同僚に取引先を紹介してもらいましょう。また、個人的に親しくつきあっている業者があれば、業界全体の景気や展望などをリサーチすることもできます。経理部や総務部の人に、経理の仕方や社会保険のことなどを質問すれば、これから自分でしなくてはならない業務の知識が得られます。会社が休みの日には、同業者を見学したり、セミナーや勉強会に参加するなどして、しっかりと準備を進めましょう。

第1章 はじめの一歩を踏み出す前に

→ 在職中にやっておく準備

To Do リスト

- □ 事業プランを明確にする
- □ 事業の形態を決める
- □ 開業地を決める
- □ 業界分析を行う
- □ 起業後に役立つ人脈を広げる
- □ 資金計画を立てる
- □ 退職後のスケジュールを決める
- □ 退職後の当面の生活費を確保する
- □ 退職後の社会保険や税金の手続きを確認する
- □ 家族に相談する

知って得! クレジットカードは在職中につくろう

独立当初は、カード会社の信用審査が通らないことがある。起業すると備品などを自分で購入しなくてはならないので、クレジットカードがあると便利。プライベート用と事業用に1枚ずつもっておくと経理処理もしやすい

10 円満退職するポイントは？

↙ 辞意は早めに上司に伝える。取引先への報告も忘れずに行う

会社を円満に退職するには、**ダンドリが大切**です。いま勤めている会社は、独立すれば大事な人脈となり、あるいは取引先の1つになることもあるので、**退職後も同僚とコミュニケーションがとれる状態**にしておきましょう。

通常、会社は退職の申出期間を定めています。社内規則を再確認して、とくに記載がない場合は、**退職日の2週間前**に辞意を伝えれば法律上の問題はありません。ただ、一般的には**1カ月前までに伝える**のが通例です。

仕事によっては、業務の引き継ぎや欠員の補充などに時間を要するので、**2～3カ月前には直属の上司に相談しておく**のが理想的です。上司の承諾を得てから、**退職願いを提出する**ダンドリになります。

また、社内の人間だけでなく、**取引先への報告**も忘れずに行います。ここをしっかり押さえないと、会社やあなた自身の信用問題になりかねません。上司と相談して、社外に知らせるタイミングや方法を決めておきましょう。

第1章　はじめの一歩を踏み出す前に

→ 円満退職のために知っておきたいこと

●退職願いの書き方

```
                退　職　願　い

                                           Ⓐ
          Ⓑ                 Ⓒ              私事
   このたび、一身上の都合により、平成○年○月○日をもって退職い
   たしたく、ここにお願い申し上げます。

       平成○年○月○日 Ⓓ
       ○○部○○課 Ⓔ

                              Ⓔ ○○○○（氏名）㊞


                                 株式会社　○○商社
                              Ⓕ 代表取締役　○○○○　殿
```

Ⓐ1行あけて「私事」あるいは「私儀」
Ⓑ自己都合の退職は「一身上の都合」にする
Ⓒ上司に確認した退職日を記入
Ⓓ提出日
Ⓔ所属部署・氏名・捺印
Ⓕ宛名は社長にする

●退職時に会社から受けとる書類

書　類	内　容
年金手帳	会社が保管している場合のみ
厚生年金基金加入員証	会社が厚生年金に加入している場合のみ
給与所得の源泉徴収票	年初から退職日までの給与所得
退職金の源泉徴収票	退職金が支払われる場合
離職票	1と2の2種類がある

11 失業保険・社会保険はどうなる？

↙ 退職日から2週間以内に諸官庁で所定の手続きを済ませる

会社を辞めたら、失業保険や年金、健康保険などについて手続きが必要になります。手続きの期限が決まっているものもあるので、**退職日から2週間以内にすべて済ませておき**ましょう。

雇用保険の失業給付金は、会社を退職、あるいは失業した場合に受けとることができます。ただし、それは再び会社に就職して働く人向けで、**開業をめざす人は給付の対象にはなりません**。起業前に、別の会社に勤めて経験を積む人は、**住所地の職業安定所（ハローワーク）**で手続きして、給付を受けられます。

会社で加入していた健康保険と厚生年金については、**自動的に脱退**となります。

個人事業の場合は、**国民健康保険と介護保険**（40歳以上のみ）、国民年金の加入手続きを、**住所のある市町村役場**にて退職日の翌日から14日以内に行う必要があります。

法人設立して従業員を雇う場合は、**年金事務所**にて健康保険、介護保険（40歳以上のみ）、厚生年金に加入することが原則として義務づけられています。

第1章 はじめの一歩を踏み出す前に

→ 退職後に必要な社会保険の手続き

	個人事業	会社設立
加入する保険	**国民年金 国民健康保険**	**厚生年金保険 健康保険**
手続きの場所	**住所地の 市町村役場**	**事業地の年金事務所**
手続きの期限	**退職日の翌日から 14日以内**	**事業開始から 5日以内**
必要な書類	●健康保険資格喪失証明書、退職日の証明書、離職票、雇用保険受給資格者証のいずれか1点 ●年金手帳 ●顔写真付身分証明書(運転免許証、パスポートなど/保険証を窓口で受け取る場合) ※自治体によって必要となる書類が異なります。	●健康保険・厚生年金保険新規適用届 ●健康保険・厚生年金被保険者資格取得届 ●健康保険被扶養者(異動)届(被扶養者がいる場合のみ) ●法人登記簿謄本 ●保険料預金口座振替依頼書 ●賃貸契約書写し(事務所等を借りている場合)

知って得! 任意継続被保険者制度

退職前の会社の健康保険に継続して加入できる制度。期間は最長2年間まで。継続を希望する場合は、退職日翌日から20日以内に、加入していた健康保険組合に申請しなければならない

コラム 頼れる専門家の相談相手をもとう

独立・起業をめざす人は、成功に向けた強い意志と、大きな夢をもっているものです。「こうすればうまくいく」と、自分なりに新規事業の勝算をもち、それに必要な準備を着々と進めていきます。

ただ、ここで気をつけなくてはならないのは、事業の計画が独りよがりで、現実味の薄いものになってしまわないことです。事業を立ち上げて、実際に商売をするまでには、やらなくてはならないことがたくさんあります。その中には、あなたに経験や知識がないこともあるはずです。また、よいアイデアが浮かばなかったり、判断に迷ったりすることもあるでしょう。起業の主人公はあなた自身ですが、自分1人ですべてのことを決めて、実行するのは負担が大きく、また誤った判断や行動につながることにもなりかねません。

そこで必要となるのが、助言を求めたり、相談ができる相手です。その筆頭には家族があげられますが、そのほかにも、さまざまな分野で強みをもつ人たちが自分のブレーンになってくれれば、これほど心強いことはありません。

とくに税理士や社会保険労務士、弁護士、行政書士、企業コンサルタント、中小企業診断士などの専門家は、いざというときに適切なアドバイスをしてくれて、あなたを手助けしてくれるでしょう。友人、知人、仕事の同僚などのツテから、そうした士業のプロを見つけて、力を貸してもらうとよいでしょう。

第2章

事業プランと資金計画の立て方

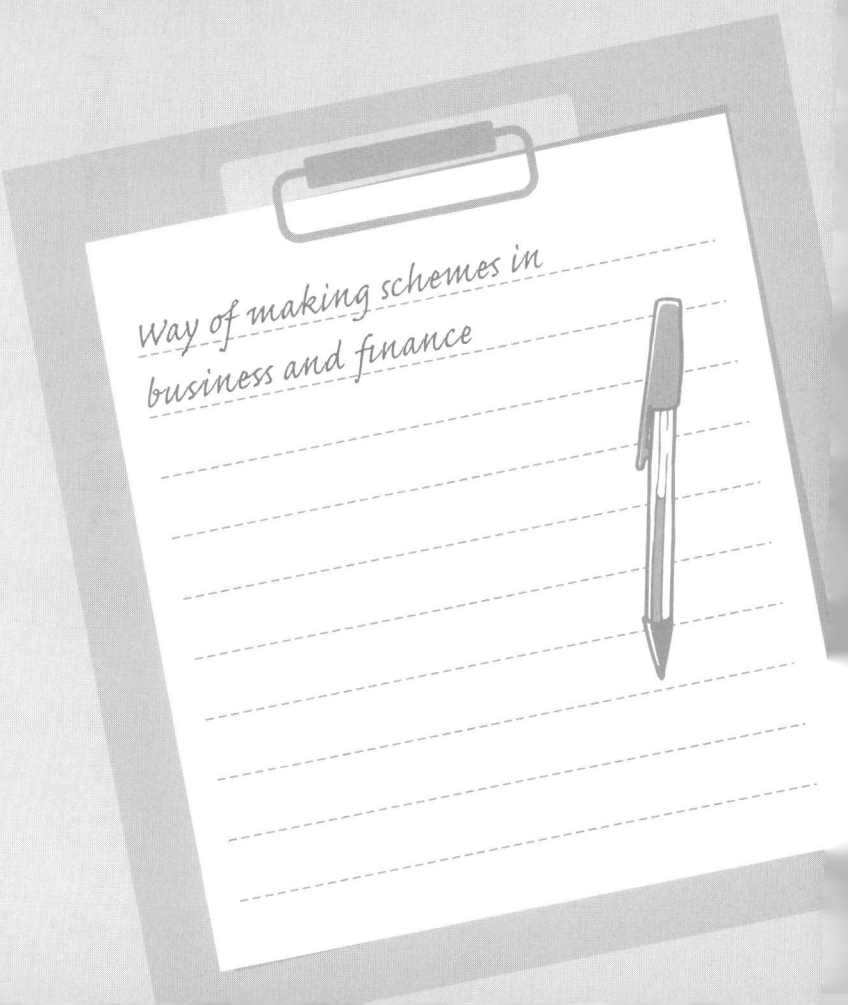

Way of making schemes in business and finance

1 事業プランで検討することは?

☑ 第三者にもわかるように事業の独自性を明確にして文書にまとめる

●事業計画書を書く前に明らかにしておくこと

独立・起業を考えたときから、どんな事業を、どうやって行うかは、頭の中である程度のイメージが浮かんでいるはずです。しかし、それだけでは事業計画を立てたとはいえません。それを書面に書き起こし、**事業計画書**の形にまとめることが大切です。

事業計画書をつくる意味は、2つあります。1つは、**事業を客観視するため**です。それによって、計画に足りない点や矛盾している点が明確になり、またアイデアも出やすくなります。もう1つは**融資先や取引先といった第三者に事業の内容を伝えるため**です。開業後、公的機関や金融機関に融資を申し込むときの説得材料になります。あるいは、取引先を開拓するときに、相手にわかりやすく**事業の魅力を伝えるツール**にもなります。

事業計画書をつくるときは、始めに①なぜ、この事業を起こすのか？（Why）、②どのくらいの規模にするのか？（How）、③何を売るのか？（What）、④誰を対象にするのか（Whom）、⑤いつ実行するのか？（When）の5つを明確にします。

第2章　事業プランと資金計画の立て方

事業計画書で明確にする5つの事柄

Why　なぜ、この事業を起こすのか？
- [ ] なぜ、自分が事業を起こすのか
- [ ] なぜ、この事業を選んだのか

How　どのくらいの規模にするのか？
- [ ] どんな事業形態にするのか
- [ ] どのくらいの売上がほしいのか

What　何を売るのか？
- [ ] 商品・サービスの特色は何か
- [ ] 競合他社に負けない内容はあるのか

Whom　誰を対象にするのか？
- [ ] 誰に商品やサービスを提供するのか
- [ ] 誰と組んで仕事をするのか

When　いつ実行するのか？
- [ ] いつ事業を立ち上げるのか
- [ ] 数年先の見通しは立っているのか

●事業計画書はたびたび見直す必要がある

5つの事柄が明確になったら、次に事業計画書にまとめていきます。重要なポイントは、競合他社に負けない、**事業の独自性や特性を明確に打ち出すこと**です。

事業計画書にあらわす内容は、左図のとおりです。これを参考にして、必要に応じて内容を付け足し、パワーポイントなどのパソコンソフトを使って作成してください。

事業計画書は、開業時だけ必要なものではありません。社会のニーズや経営環境はつねに変化しています。それに対応して、事業計画書を更新する時期を決めて、たびたび計画の見直しを行うことが大切です。事業を軌道に乗せるには、事業計画書を**つくり変えていく必要があります**。

事業を継続して積み上げていくには、**計画→実行→分析**の繰り返しが必要です。うまくいかなかったときの見直しの材料にもなるのが、この事業計画書なのです。

また、金融機関などの第三者に提出するときは、必要に応じて表紙をつけたり、別紙で事業の成功条件（問題解決のノウハウや裏付け）や、返済計画書などを補完資料として添付すると、より効果的です。

事業計画書ができたら、家族や友人などにも見せて意見をもらい、**ブラッシュアップ**しましょう。

第2章 事業プランと資金計画の立て方

→ 事業計画書にあらわす内容

〈例：独立してデザイン文具店を開業するケース〉

経営理念およびビジョン

起業の動機、事業の内容

- これまでの文具メーカー企画営業の経験、仕入ネットワークを生かして、デザイン性に富んだ文具を提供する小売業

事業の独自性

強み弱み分析と差別化戦略

- 海外の問屋を通じて、これまでにない商品展開を実現
- 小ロットの仕入で希少性をもたせる
- 店舗のほか、インターネットを通じて全国に販売網をめぐらす

市場分析

客層・ニーズ・市場規模を分析

- メインユーザーである学生に加え、昨今のおしゃれ文具ブームで、サラリーマンやOLなどにも広くニーズあり

商品サービスの内容と特徴

- 手帳、万年筆、しおりなど、個人がこだわりやすい商品に絞る
- ポイント制度を導入し、リピーターを確保する

人員・組織

必要に応じて雇用形態、組織図など

- 開業後3年間は、妻と2人で運営。その後はパートを雇い入れて、店舗の営業を任せる

設備計画

- 駅前立地の商店街の空き店舗を賃借
- 棚やボードなどは木材を多用し、温かみのある内装に仕上げる

業務フロー

商品・サービス提供の具体的な流れ

- 年に2回の直接買い付け。定番商品は定期輸入
- 店舗にて在庫を管理・展示し、販売・発送作業を行う

販売計画

- ホームページを作成し、検索エンジンに登録
- 普通の文具店では手に入らない希少性のある商品であることを印象づけるため、セールや割引は行わない

資金計画

自己資金や経費、運転資金を具体的に

- 自己資金700万円+借入金300万円=1,000万円
  （経費内訳：○○○○、運転資金：○○○○）

2 事業コンセプトはどうする？

☑ 事業の目的や方向性が、ひと言で伝わるキャッチコピーをつくる

事業コンセプトは、**事業の骨子**ともいうべき部分です。ここを明確に打ち出せないと、事業を進めるうえで大切な**目的や方向性**が定まらず、場当たり的な対応が多くなってしまいます。

成り行きまかせでうまくいくほど、経営は甘くありません。信念をもって、情熱をかたむけられる、オリジナリティのある事業コンセプトをもちましょう。

おすすめしたいのは、事業の特徴やこだわりを箇条書きで書き出して、**事業のキャッチコピーをつくってみる**ことです。

そうすることで、事業の軸が明確になり、経営の方向性がハッキリします。お客様から見てもわかりやすく、インパクトを与えられます。

事業コンセプトを考えるキーワードには、**品質・速度・価格・付加価値・オリジナリティ・希少性・信頼性・地域性**などがあります。自分の事業にピッタリあう言葉を探しながら、独自性が伝わるコンセプトをつくってみましょう。

→ 事業コンセプトをキャッチコピーにしてみる

事業形態	事業の特性
イタリアン レストラン	・ピッツァ料理店での修業を生かす ・イタリア・ナポリで修業して開業準備 ・閑静な住宅街の一軒家レストラン ・イタリア直輸入のワイン 　コンセプト・キャッチコピー **本場仕込みのピッツァと直輸入ワインを味わえる南欧風ガーデンレストラン**
カフェ	・写真集やデザイン本などオーナー厳選の本が手にとれる ・打ち合わせや仕事などに使えるテーブル配置 ・イベントやギャラリーの場になる 　コンセプト・キャッチコピー **新しいワーク&ライフスタイルを提案するクリエイティブ空間カフェ**
清掃サービス	・女性スタッフだから安心 ・体と環境にやさしい洗剤を使用 　コンセプト・キャッチコピー **レディーススタッフが清潔・安心・安全を届けるハウス&オフィスクリーン**
ホームページ 作成サービス	・独自フォーマットを多数用意して早さと安さを実現 ・細かいアレンジや変更が可能 ・初めての人にもわかりやすく説明 　コンセプト・キャッチコピー **低価格・早さを実現したオーダーメイド型ホームページ作成&サポート**

品質・速度・価格・付加価値・オリジナリティ・希少性・信頼性・地域性など連想するキーワードを書き出してキャッチコピーを考えよう

3 マーケット環境はどうか？

業界動向やマーケットの現状を知れば事業のヒントが見つかる

これから参入する**業界の動向**を、事前に下調べしておくことは必要不可欠です。どんな同業他社があって、どこが繁盛しているのか。お客様はどんな層で、どんなニーズがあるのかなど、業界研究を進めておきましょう。とくに小売業やサービス業なら、**現地にマーケット調査に赴く**ことも大切です。いろいろな店舗を見回るだけでなく、街の雰囲気や人の流れもチェックします。同業者や仕入業者に話を聞くことも大切です。

調査研究を重ねると、**業界全体のマーケット像**が見えてきます。そのうえで「自分だったらこうする」「こんな商品やサービスがあればいいな」と感じたことが、ビジネスのヒントにつながります。競合他社が多いということは、競争は激しいものの、**大きなニーズがある証し**でもあります。商品やサービスを他社と差別化できれば、後発でも成長事業となる可能性があります。逆に競合他社が少ない場合は、**ニーズが少ないか**、新分野などの理由で進出する業者がまだ少ないかでしょう。さらに、ニーズを掘り起こせる広告・宣伝も重要です。マーケットの状況次第で、**戦略は大きく変わってくる**のです。

現地調査のチェックポイント

項　目	チェックポイント
業種の適性	地域ごとのニーズや特性を見定める （例）学生街…比較的安く、目新しいものがウケる。新規開店が多い （例）住宅街…地域の住民がおもな客層。小規模でこだわりのある店が多い
地域の拠点	大きな人の流れをつくる拠点を確認する （例）学校、病院、ショッピングセンター、イベント施設、ターミナル駅など
人の流れ	人通りの多い通り、分散される通り、人の流れる方向を見定める
利用客の属性	年齢、性別、職業別に割合を出す （例）ビジネスマン20％、OL10％、学生40％、主婦20％、高齢者10％
ニーズ	何を目的にやってくる人が多いか、どんな志向が高いか （例）ショッピング、仕事、観光など
曜日・時間帯	人が多くなる時間帯、少なくなる時間帯を割り出す
雰囲気・規模	どんなコンセプトで店づくりしているか、大型店が多いか小型店が多いか
商品・サービス	主力商品、サービスの種類と価格、セールの有無
客　層	どんな属性のお客様が入っているか、数は多いか少ないか、客単価はいくらか

4 ターゲット客はどうする?

お客様像を明確にするほど、事業の方向性と施策が明確になる

事業コンセプトをしっかりと確立するには、第一にターゲットとなる客層を明確にしなくてはなりません。

たとえば、商品開発の現場では、始めに「20代後半から40代の働く女性。都会志向が高く、おしゃれやグルメ、旅行に関心が高い」といったターゲット像をつくり上げてから、実際の商品開発に乗り出します。自分の事業でも同じように「ナチュラル志向の高い若年層のファミリー向け」とか「時間とお金に余裕があり、健康に関心の高いシニア層」というように、**ターゲット層をできるだけ具体的に想定してみましょう。**

それによって、価格の設定やメニュー展開、サービスの内容など、**商品・サービスに一貫性が出てきます。**

また、ターゲットとなる客層を明確にすることは、高級感やナチュラル志向、お得感といった**事業の独自性**を、お客様にわかりやすく打ち出すうえでも効果的です。

→ ターゲットに適した商品・サービスを考える

ターゲットとなるお客様像は？

- [ ] 年齢・性別は？
- [ ] ライフスタイルは？
- [ ] 趣味・志向は？
- [ ] 経済力は？
- [ ] ニーズは？　　など

ターゲットの客層を明確にして商品・サービスを組み立てる

- [ ] 商品・サービスの内容は？
- [ ] 商品・サービスの価格は？
- [ ] 店舗づくりのコンセプトは？
- [ ] PRの方法は？　　など

知って得！　定番となる商品・サービスをつくる

あれもこれもと工夫するあまり、商品やサービスをひんぱんに入れ替えたり、価格を変えているとリピーターがつきにくくなる。その理由はお客様の安心や信頼が得にくいため。定番の商品・サービスをおく一方で、一部で限定や季節もののメニューを展開すると、安心感に新鮮味が加わって、お客様を飽きさせない

5 自社の強みをもつには？

6つの要素を手がかりに、顧客にアピールできる強みを探す

価格が安くて高品質で、サービスも万全に行き届く商品・サービスであれば、それに越したことはありません。しかし、実際には、これら**すべてを実現するのはかなり困難なこと**といわざるをえません。価格を安く抑えようとすれば、どうしても品質やサービスを割り引かなくてはならないものです。

たとえば、同じハンバーガーショップでも、マクドナルドは「激安」を全面に打ち出して顧客をつかみ、逆にモスバーガーは多少割高ながらも「ヘルシーさ」をアピールすることでファンを獲得しています。さらにほかの店では、手作り感や高級感を売りにするなど、大型チェーン店と差別化をはかることでお客様に支持されています。

つまり、100点満点でなくても、**事業のどの部分を強調していくかで独自性**が生まれ、それがお客様への強烈なアピールとなるのです。すなわち、それが**自社の強み**です。

左図に、自社の強みを見つけるための、**6つの要素**を掲げました。この評価を手がかりとして、事業の強みを早急に確立してください。

→ 6つの要素を評価して自社の強みを見つける

Step1

下記の6つの要素について
自社の商品・サービスを5段階で評価してみましょう

(点)
1　2　3　4　5

- **①価格力** 　同業他社と比較して価格が安い
- **②品質力** 　高品質にこだわっている
- **③技術力** 　技術やノウハウがある
- **④サービス** 　顧客満足度の高い、きめ細かなサービスを展開している
- **⑤希少性** 　他社にはない特別な付加価値がある
- **⑥立地性** 　アクセスがいい、利用しやすい

Step2

上記の評価点を書き入れて、点を線でつなぎ、多角形をつくってみましょう

判定

多角形の面積が大きかったり、どれかが突出する形になるのが、競争力のある商品・サービスです。いびつな形になっても、突出している点をうまくアピールすれば、成功する可能性があります

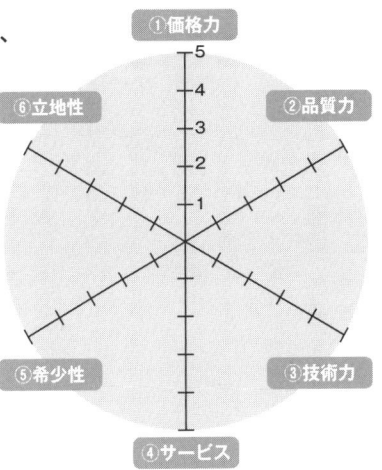

6 経営プランを立てるには？

↙ 売上、仕入費、必要経費を予想して利益の目標を計算する

　事業内容の具体化が進んだら、**経営プラン**を立ててみましょう。経営プランとは、簡単にいえば、どのくらいの売上を上げて、どのくらいの必要経費・仕入費用をかけ、利益をいくら出すかを考えることです。それらの数字を予測して**経営計画書**にまとめます。

　始めに、**目標とする売上高**を想定します。まだ始めて間もない事業の売上を見積もるのはむずかしいですが、一般的な相場や自分の想定などを考えあわせ、**1カ月の予想売上高**を出します。そこから、季節変動なども勘案しながら、**年間売上高**を計算します。

　次に、**売上原価**です。売上高から売上原価を引いたものを**粗利益**といいます。小売業のように売上原価が発生するものは、**売上高に占める売上原価の割合（原価率）**が重要です。原価率が低ければ利益は大きくなりますが、原価率が高ければ、売上高をさらに上げるなどして、利益を確保しなければなりません。さらに、事務所の賃料や水道光熱費、借入金の支払利息、人件費などの**必要経費**を計算します。**売上高から売上原価・経費を引いたもの**が**経常利益**です。これらの**目標数値を明確にする**ことで、経営の道筋がたちます。

第2章 事業プランと資金計画の立て方

→ 経営計画書の内容

	目標額	決算額
売上高 *1	8,000,000	9,000,000
売上原価（仕入）*2	2,000,000	2,500,000
粗利益 *3	6,000,000	6,500,000
地代・家賃	1,200,000	1,200,000
水道光熱費	120,000	135,000
広告・宣伝費	100,000	150,000
旅費交通費	50,000	30,000
通信費	100,000	100,000
リース費	0	80,000
消耗品費	80,000	100,000
人件費	1,000,000	1,350,000
法定福利費	130,000	169,000
減価償却費	50,000	50,000
雑費	50,000	65,000
経費　合計	2,880,000	3,429,000
支払利息等 *4	12,500	12,500
経常利益 *5	3,107,500	3,058,500
税金 *6	97,500	77,000
税引後利益 *7	3,010,000	2,981,500

〈計算方法〉
* 1　売上高の算定法…（例）　客単価×客席数×回転数×営業日数
* 2　売上原価の算定法…期首在庫＋仕入－期末在庫
* 3　粗利益の算定法…売上高－売上原価
* 4　借入金がある場合は利息も記入する
* 5　経常利益＝売上高－（売上原価＋経費＋支払利息）
* 6　税金は事業の利益に対して課される
* 7　税引後利益＝経常利益－税金

7 個人事業にするか、会社を設立するか？

↙ 手軽さや自由さなら個人事業、税金面ほかメリットが多いのは会社設立

●いまの状況と事業の将来を考えて決めよう

独立・起業の形態には2つあります。1つは、**個人事業**。もう1つは**会社の設立**です。

どちらにするかは、いま、あなたがおかれている状況や、事業の将来性などを考えて決めましょう。たとえば、金銭的な余裕がないなら、設立費用がかかる会社ではなく、当面は個人事業でスタートするとか、顧客となる会社が法人としか取引をしないので会社にする、といった具合です。

ただ、新会社法が施行されてからは、**株式会社の資本金は1円でもOKになっている**ので、以前と比べて会社設立のハードルはぐっと低くなっていることは確かです。

左図に、**個人事業と株式会社の違い**を示しました。設立に関わる手続きや費用、経理の仕方、資金調達の有利・不利など、両者には多くの違いがあります。これらの点をよく検討して決めないと、あとで本業にマイナスの影響を与えることにもなりかねません。事業の規模や方向性、予想される売上などを勘案して、自分にあうほうを選びましょう。

個人事業と株式会社の違い

	個人事業	株式会社
設立手続き	届出のみ	必要（専門知識を要する）
資本金	不要	1円以上
設立費用	なし	24万円〜（司法書士への報酬を除く）
事業内容の変更・追加	自由	定款の変更が必要
資金調達	不利	有利
債務の責任	無限責任	株式会社では有限責任（個人資産を担保とするため、実質的には無限責任）
経理（記帳）	単式簿記でも可	複式簿記
青色申告の特別控除	10万円・65万円の所得控除（記帳のレベルに応じて）	なし
社会保険	事業主は加入できない	加入義務あり

●個人事業にするメリットは？

では、この2つの形態を、メリット・デメリット面から詳しく見ていきましょう。

まず、**個人事業のメリット**は、開業に際して**手続きが簡単**で、**費用が安く済ませられる**ことです。

事業に従事するのが事業主のあなただけなら、基本的には納税地の所轄税務署に「**個人事業の開業・廃業等届出書**」（128ページ参照）を提出し、都道府県税事務所や市町村の税務課に「**事業開始等申告書**」（個人用）を提出すればOKです。これに対して株式会社をつくる場合は、登記をはじめとした会社法の定めに従わなくてはなりません。手続きには専門的な知識が必要で、煩雑です。

また、個人事業は開業後の運営もさほど手間がかかりません。経理は、現金出納帳や経費帳など、最低限の帳簿の記帳で済む**単式簿記でもOK**です。会社だと手間のかかる複式簿記で管理しなくてはなりません。

事業内容に関しても、**自由度が高い**のが個人事業の特色です。新しい事業を思いついたらすぐにチャレンジできるなど、フットワークの軽さが強みです。一方、株式会社が行える事業は、定款（144ページ参照）に記載されているものに限られます。新しい事業をするときは、**定款の変更が必要**で、手間とお金がかかります。

こうしたことから、ある程度の事業規模で、**自分が思うとおりに事業をしたいと考える**

人には、個人事業が向いているといえそうです。どちらか迷ったら、とりあえず個人事業で始めて、利益が大きくなったら会社組織に変更すればよいでしょう。

● **株式会社をつくるメリットは？**

株式会社をつくるメリットは、なんといっても**税金面での有利さ**です。たとえば、個人事業と株式会社が同じ事業所得を得たとします。このとき、株式会社はその所得をすべて事業主に役員給与として支払った場合、個人事業主が払う税額（個人の所得税＋住民税＋個人事業税）よりも、会社とその事業主が払う税額（事業主の所得税＋住民税＋法人住民税）のほうがだんぜん安くなります。

また、営業面でも、会社のほうが**社会的な信用を得やすく**、資金繰りの際に金融機関からの**借入も有利**です。**リース契約**や、**従業員の雇用**に関しても会社のほうがメリットがあります。

こうしたことから、**将来的に事業を大きくしたい**という人は、株式会社からスタートしたほうがよいでしょう。株式会社にすれば、事業を拡大するために必要な資金や取引先、従業員などを集めやすい条件がそろっているからです。

8 資金計画を立てるには?

開業資金と運転資金に分けて、それぞれいくら必要か算出する

事業を始めるにあたって必要なお金は、**開業資金**(設備資金など)と**運転資金**です。開業資金は、業種によってさまざまです。飲食店や美容院、小売業などでは、店舗を借りる保証金(敷金・礼金)や、**不動産仲介手数料、内装工事費**などが必要です。さらに、テーブルや椅子などの**備品、商品の仕入れ**などにもお金がかかります。一方、店舗や多くの備品を必要としない仕事なら、事務所も自宅で済むので初期投資をかなり抑えられます。

運転資金は、十分な入金があるまで**事業を回すための資金**です。開業当初は認知度や信用が低いため、収入が低調になりがちです。たとえ商品やサービスが順調に売れても、顧客からその代金が支払われるまでにタイムラグが生じる場合もあります。ところが、そのあいだも、店舗や事務所の賃料、水道光熱費、通信費などは支払わなくてはなりません。運転資金はそうした支出に備えるものです(家賃など売上に連動しない支出を**固定支出**、仕入代金など売上に連動するものを**変動支出**という)。運転資金はできるだけ余裕をもちたいものですが、開業時には**向こう半年分**くらい確保できていれば安心でしょう。

開業資金と運転資金を見積もってみよう

●開業資金として必要な額（例）

用　途	項　目	見積額
店舗・事務所費	保証金（敷金・礼金）	円
	仲介手数料	円
	初回家賃	円
設備費	内装工事	円
	厨房機器、照明	円
	冷暖房機器	円
	車　両	円
備品費	パソコン	円
	通信機器	円
	ユニフォーム	円
仕入費	食　材	円
	調味料	円
広告費	広告物の制作費	円
	広告掲載料	円
	ショップカード代	円
雑　費	その他	円
		合計　　　　　　　　　円

●運転資金として必要な額（例）

用　途		項　目	見積額
固定支出	維持費	家　賃	円
		水道光熱費	円
		通信費	円
		駐車場料	円
	返済費	借入金返済	円
	人件費	給　与	円
		支給交通費	円
変動支出	仕入費	食　材	円
		調味料	円
	広告費	広告物の制作費	円
		広告掲載料	円
		ショップカード代	円
	雑　費	その他	円
			合計　　　　　　　　　円

9 資金調達の方法には何がある？

借りやすいのは日本政策金融公庫や地方自治体の制度融資

　開業時に必要な資金が割り出せたら、**全額を自己資金でまかなえるかどうかを確認します**。自己資金とは、預貯金、退職金、有価証券など、自分で用意できるお金です。

　自己資金が足りない場合は、開業に必要な資金をもう一度見直し、削れるところは削って、不足分との差をできるだけ縮めることが必要です。個人事業か会社かにかかわらず、一般的に独立・起業の**自己資金の目安は開業資金の半分以上**とされています。

　それでも足りない場合は、**借入金でまかなう**ことになります。

　借入先としては、親兄弟、親戚などの**身内**、銀行や信用金庫などの**民間金融機関**、あるいは**政府系金融機関、地方自治体**の制度融資などがあります。

　このうち、民間金融機関からの借入は、取引実績のない小規模な個人事業や会社は、通常、厳しい審査になります。比較的借りやすいのは政府系金融機関の**日本政策金融公庫**です。個人事業でも、創業間もない会社でも借り入れることができ、民間の金融機関と比べても圧倒的に借りやすく、また**金利が低い、融資期間が長い**などのメリットがあります。

第2章 事業プランと資金計画の立て方

いろいろな資金調達の方法

政府系金融機関
- 日本政策金融公庫、商工組合中央金庫（商工中金）など
  - 中小企業向けや個人事業主向けの制度がある

地方自治体
- 都道府県、市町村の制度融資など
  - 政策の一環として、信用保証組合などと連携して融資する

民間金融機関
- 地方銀行、信用金庫、信用組合
  - 信用金庫、信用組合は民間系の中では借りやすい

身内
- 親、兄弟、親戚など
  - 利息、返済期限などの融通がききやすい。公正証書などの借用書を作成すること

知って得! 保険の契約者貸付制度

自己資金をつくるために、生命保険や損害保険を解約するケースがあるが、その前に、契約している保険に契約者貸付制度があるかどうかを確認しよう。解約返戻金の一定範囲内で融資が受けられる場合がある。利息は発生するが、保険を継続しながら資金をつくることができる

10 日本政策金融公庫の融資制度とは?

金利が低く、融資期間が長い。個人でも会社でも利用できる

独立・起業に際して、資金調達先として利用頻度がもっとも高いのが**日本政策金融公庫**です。前身は国民生活金融公庫で、**民間金融機関からの融資が受けにくい中小企業や個人事業を営む人**を支援する金融機関です。

メリットはなんといっても、**金利が低くて、融資期間が長いこと**。制度のメニューも豊富で、新規事業者をはじめ、一度廃業した事業者、若者、女性、シニアなど、比較的融資を受けにくい人を対象にしたものから、食品関係やIT関係など業種別のものまで各種あります。

まずは、**最寄りの支店窓口で相談**しましょう。ホームページからの申し込みも可能ですが、できれば担当者からコンサルティングを受けたほうが、何かと安心です。

融資の可否については、事業計画書をもとに**担当者から面談を受け**、店舗や事務所候補地などの**実地調査**を受けます。融資が受けやすいといっても信用第一ですから、面談のときは事業計画をスムーズに、自信をもって話せるように準備しておきましょう。

日本政策金融公庫の融資制度

制度	融資対象	返済期間
おすすめ! **新創業融資制度** 1,500万円以内 （無担保・無保証）	新たに事業を始める人、事業開始から税務申告が2期以下の人が対象（事業開始前、事業開始後で税務申告をしていない段階の人は、創業資金の1/3を自己資金でなければならない）	〈運転資金〉 5年以内（6カ月以内） 〈設備資金〉 10年以内（6カ月以内）
新規開業資金 7,200万円以内 （うち運転資金4,800万円以内）	新たに事業を始める人、もしくは事業開始後おおむね5年以内の人	〈運転資金〉 5年以内（6カ月以内） 〈設備資金〉 15年以内（3年以内）
女性、若者、シニア 起業家資金 7,200万円以内 （うち運転資金4,800万円以内）	女性、30歳未満の若者、55歳以上のシニアが対象。新たに事業を始める人、もしくは事業開始後おおむね5年以内の人	〈運転資金〉 5年以内（1年以内） 〈設備資金〉 15年以内（2年以内）
普通貸付 4,800万円以内	ほとんどすべての業種の人が対象	〈運転資金〉 5年以内（1年以内） 〈設備資金〉 10年以内（2年以内）
食品貸付 7,200万円以内 （うち運転資金4,800万円以内）	食料品小売業、食品製造小売業などを営む人が対象	〈運転資金〉 5年以内（1年以内） 〈設備資金〉 13年以内（2年以内）
生活衛生貸付 7,200万円以内 （一般貸付）	飲食店、喫茶店、理・美容業、クリーニング業などを営む人が対象（クリーニング業は1億2千万円以内）	13年以内（1年以内）
IT資金（起業活力強化貸付） 7,200万円以内 （うち運転資金4,800万円以内）	情報化投資を行う人が対象	〈運転資金〉 5年以内（1年以内） 〈設備資金〉 15年以内（2年以内）

・上記は2012年7月時点で設けられている制度
・返済期間のカッコ内は据置期間（返済が猶予される期間）
・上記のほかにも融資制度あり。各制度の詳細は日本政策金融公庫のホームページ（http://www.jfc.go.jp/）などで確認を

11 自治体の制度融資とは？

☑ 利用条件や限度額は各自治体によって異なるので注意

都道府県や市町村から、融資を受ける方法もあります。各自治体では、民間金融機関および信用保証協会と連携して資金を融通する**制度融資**を実施しています。

信用保証協会とは、担保や保証が十分でない事業者の保証人となって、融資が円滑に受けられるようにしてくれる**公的な機関**で、**都道府県に配置**されています。何らかの理由でお金が返せないときは、信用保証協会が保証人としてバックアップ（あるいは肩代わり）してくれます。

制度融資を受けるには、各自治体所定の**事業（創業）計画書などの提出**が求められます。また、事業所や店舗がその自治体にあることが条件になる場合もあり、融資の内容は自治体ごとにさまざまです。自治体から融資を受ける場合は、**信用保証料**が別途発生します（融資の内容などにもよるが、融資額の1％前後が一般的）。

自治体によっては、利子補給の支援を行っているところもあります。これは融資につく利子の一部を自治体が負担してくれるものです。

東京都の制度融資の例（2012年度）

制度融資	対象	融資額	返済期間
創業融資	1カ月以内に個人事業を起こす人、2カ月以内に法人を起こす人	1,000万円以内	〈運転資金〉 7年以内 （据置期間1年以内を含む） 〈設備資金〉 10年以内 （据置期間1年以内を含む）
	上記の事業者で、自己資金がある人	2,500万円以内 （自己資金に1000万円を加えた額の範囲内）	
	創業した日から5年未満の中小企業者や組合	2,500万円以内	
小口資金融資	従業員が少ない小規模企業者 （製造業では20人以下、卸・小売・サービス業では5人以下）	1,250万円以内 （全国の保証協会の保証付融資の合計残高を含める）	〈運転資金〉 7年以内 （据置期間6ヵ月以内を含む） 〈設備資金〉 10年以内 （据置期間6ヵ月以内を含む）
産業力強化融資	公的機関の認定を受けた事業や東京都の助成金の交付決定を受けた事業	1億円以内 （組合は2億円以内）	10年以内 （措置期間2年以内を含む）

12 助成金・補助金を利用するには？

☑ 面倒な手続きを乗り越えて承認されれば、返済は不要

「自己資金が足りない。でも借入金はなるべく少なくしたい」、そんな人におすすめしたいのが、国や自治体による**返済不要の助成金・補助金**です。

なぜ、タダでお金を支援してくれるかというと、事業者が増えることで雇用対策につながったり、商店街が活性化したり、教育や文化の振興など地域活性化につながるためです。

ただし、不正な申請や受給を防止する目的もあり、手続きや必要書類など**申請のステップはかなり煩雑**になっています。

助成金制度は、**ハローワーク**のほか**厚生労働省や中小企業庁が母体の独立行政法人**などが実施しています。数多くあるので、助成金の申請代行などを請け負う**社会保険労務士**に相談するのもよいでしょう。

近年は、産業政策として起業を活性化することで雇用を高める風潮が高まっているため、**起業や雇用をサポートする助成金・補助金制度は増加傾向**にあります。独立・起業を考えている人は一度チェックして、可能性を検討してみることをおすすめします。

おもな起業支援の助成金

ハローワーク
https://www.hellowork.go.jp/

受給資格者 創業支援助成金	比較的長期にわたり労働者を雇用する事業者が対象 支給上限 200 万円
地方再生 中小企業創業 助成金	地方再生事業を行う事業主が対象（特定の 21 都道府県に限る） 支給上限 150 万〜 500 万円
特定求職者 雇用開発助成金	高齢者や障害者を継続して雇用する事業主が対象 30 万〜 240 万円まで（6 カ月〜 2 年間）
中小企業 基盤人材確保助成金	新規創業や異業種進出にともない、新たに人材を雇用する業者が対象。1 人あたり 140 万円
キャリア形成 促進助成金	従業員の職業訓練等の実施に要した経費、または訓練時間に支払った賃金の 1/3 〜 1/2 を支給。1 人 1 コース 40 万 8,000 円を限度額とする

助成金の申請から受給までの流れ

申請書の提出 ▶ 審査（1 次審査（書類）／2 次審査（面接）） ▶ 合格 ▶ 報告書類の提出 ▶ 助成金の交付

コラム 会社なら赤字を9年間もちこせる

個人事業よりも会社（法人）にしたほうが、税制面で有利な点が多いのですが（62ページ参照）、その1つに「青色欠損金の繰越控除」があります。

これは、青色申告をしている事業者が赤字決算になった場合に、その赤字分を翌年度以降にもちこして、黒字決算になった年度に相殺できるという制度です。これは国税、地方税とも適用されます。

じつは、この制度は個人事業にも適用されるのですが、赤字分の繰越控除が認められる期間は3年間と決められています。これが会社なら9年間に延びるのです（平成24年4月1日以降に開始する事業年度より、平成20年4月1日以降に終了した事業年度において生じた欠損金から適用）。

事業を始めた当初は、努力や工夫がすぐに結果に結びつかず、赤字決算をつづけることはよくあるものです。ようやく黒字になったときに、それまでの赤字分と相殺できることで税金が安くなるわけですから、大変ありがたい制度といえます。

また、これとは逆に、前年度に黒字を出して、当年度が赤字だった場合には、これを相殺できる制度もあります。これを「（前事業年度の）青色欠損金の繰戻還付」といいます。

この制度は個人事業と会社（法人）ともに適用があり、青色申告している場合にだけ得られるメリットです。

第3章 開業に向けた具体的な準備

1 許認可が必要な事業か？

審査に時間がかかるものもあるので、申請は早めに行う

業種によっては、あらかじめ国や都道府県、市町村に申請をして、許認可を得なければならないものがあります。

許認可には、大きく分けて**許可（免許）、認可、届出**の3種類があります。このうち**届出**は、基本的に**書類を提出すればOK**ですが、**許可（免許）は審査を受けて基準を満たしていないと開業できません**。

申請の窓口は、事業によって**保健所**や**警察署、都道府県**などになります。

申請するときは、申請書に加えて、資格などの証明書や住民票の提出、手数料が別途必要になることがあります。思ったより手間と時間がかかる場合があるので、あらかじめ準備の段階で調べておき、**早めに申請**しておきましょう。許認可が間にあわずに営業を始めると、法律違反で罰せられたり、営業停止処分などを受けることもあります。

なお、許認可に関わる手続きは、**行政書士に委託**すれば、調査から手続きまで代行してくれます。なお、費用は許認可の種類によって異なります。

→ 許可(免許)・認可・届出が必要な事業

事　業	許認可など	窓　口
飲食店、居酒屋、弁当店	飲食店営業許可	保健所
喫茶店	喫茶店営業許可	保健所
パン・菓子製造	菓子製造業許可	保健所
古書店、リサイクルショップ、中古車販売	古物商許可	警察署
バー、ナイトクラブ、ゲームセンター	風俗営業許可	警察署
薬　局	薬局開設許可	保健所
理容店、美容店	理容所開設の届出 美容所開設の届出	保健所
クリーニング店	クリーニング所開設の届出	保健所
たばこ販売業	製造たばこの小売販売業の許可	財務省財務局
不動産業	宅地建物取引業の免許	都道府県
酒類販売業	酒類販売業免許(卸免許/小売業販売免許)	国税局

※許認可などの名称や必要な書類は自治体によって異なるので注意

2 屋号・商号を決めるには？

誰でも読めて印象に残る名称がベスト

事業を展開していくうえで「顔」となるのが屋号・商号です。商号とは会社組織につけられる正式な名称です。一方、屋号は個人事業などにつけられる通称名です。個人事業は屋号がなくても営業できますが、屋号をつけて、その代表と名乗れば、顧客の信頼度や安心感が増します。屋号・商号は、事業に対するあなたの思いをあらわすものですが、こだわりすぎて、読みにくかったり、覚えにくいのでは意味がありません。**誰でも読めて、印象に残る名称**が理想的です。

事業の存在を多くの人に知ってもらうために、もっとも効果的なのが、**事業内容がわかる屋号・商号**です。「○○スピード印刷」「○○アロママッサージ」「○○洋菓子店」などは、事業内容や特色が、誰にでもすぐにわかります。

個人事業の場合は、税務署に届け出る「個人事業の開廃業等届出書」（128ページ参照）の**屋号欄に名称を記載する**だけです。一方、株式会社の場合は、**商号を登記する必要**があります。

第3章 開業に向けた具体的な準備

● 営業で有利になる屋号・商号のつけ方

point1 ≫ 呼びやすい語感

● 誰でも、すんなり読める言葉で、聞きとりやすい

point2 ≫ 事業内容がわかる

● 業務内容や特色が入った屋号は、名乗るだけで仕事内容が伝わる

point3 ≫ 流行に左右されない

● トレンドのキーワードをとり入れると、
数年後、かえって古臭くなる場合がある

こんなつけ方はNG!

✘ **わかりにくい外国語や読みにくい漢字を使う**
→正しい名称が浸透しにくい

✘ **有名企業の名称やブランド名に似ている**
→既存の企業や商品を連想させる名称はトラブルのもと

✘ **同じ市町村内ですでに登記されている**
→法律の規制はなくなったが、まぎらわしく、顧客や取引先が混乱しやすい

知って得! 国内唯一の屋号にするなら商標登録!

以前は同一市町村内にすでにある屋号をつけることは商法で禁じられていたが、平成18年より可能になった。ただし、誤認のおそれが大きい場合は、不正競争防止法によって差し止め請求や損害賠償請求もできる可能性がある。誰にも絶対真似されたくない、日本で唯一の屋号にしたいときは、商標登録してしまうのが手っとり早い方法だ

3 印鑑はどんな種類が必要か？

事業用の印鑑は用途別に数種類用意する

商取引や契約、請求書の発行など、日々の業務で欠かせないのが**印鑑**です。事業で使う印鑑は、用途ごとに大きく分けて**代表者印、銀行印、角印、ゴム印**の4種類があります。

代表者印（会社の実印）や**銀行印**（金融機関との取引で使用する）があれば、あらゆる用途に使えますが、契約を結んだり、金銭のやりとりに使う重要な印鑑をいろいろな場面で用いるのは、安全・防犯面からおすすめできません。そのため、**角印**（取引先とやりとりされる書類に用いる）や**ゴム印**（金銭に関係しない書類に使える）などもそろえておくと便利です。

株式会社を設立する人は、登記を申請（150ページ参照）する際に、代表者印が必要になります。個人事業では、代表者印は必ずしも必要ではありませんが、大きな契約を結ぶときは実印の押印を求められることがあります。

左図のとおり、**代表者印はサイズに決まりがあります**。印章店に行ったら「法人の実印」とはっきり伝えましょう。

第3章 開業に向けた具体的な準備

事業で使用する印鑑の種類と形

代表者印

会社の実印。1辺が10mm以上、30mm以内の正方形に収まるサイズ。外側の円に**会社名**を入れる

銀行印

口座を開設するときなど、**金融機関と取引する**際に使用する

角印

請求書や領収書など、**通常の業務**において**社判**として使う

ゴム印

株式会社
〇〇システムサービス
〒000-0000
東京都××区××町×丁目×番地×号
電話：00-0000-0000 FAX：00-0000-0000

書類や封筒に使う。縦組みと横組みがあると便利

4 印象的な名刺をつくるには？

☑ 事業コンセプトが伝わる、一貫したデザインを心がける

名刺は、あなたの第一印象を決める大事なビジネスツールです。あいさつや連絡先を交換するためのツールであるだけでなく、相手に好印象を残す役割もあります。

かといって、アピールが強ければいいというものでもありません。ファッションやデザイン業など、センスで勝負する人は凝った名刺がいいかもしれませんが、金融や教育などの事業をする人は、ある程度シンプルなほうが信頼感を与えます。飲食店や小売店なら素材に凝ったり、イラストを入れるなど、遊び心があってもいいでしょう。

また、相手の印象に残る裏ワザとして、**名刺の裏側に事業コンセプトや自己紹介などを入れる**方法があります。事業やあなたの「顔」が見えてきますし、会話を広げるきっかけにもなります。

共通して押さえるべきポイントは、**電話番号やメールアドレスなどは文字が見やすいデザインにすること**。デザイン性を優先しすぎると、かえってビジネスセンスのなさを印象づけてしまいます。情報ツールとしての使いやすさも考慮しましょう。

第3章 開業に向けた具体的な準備

相手に好印象を残す名刺のデザイン例

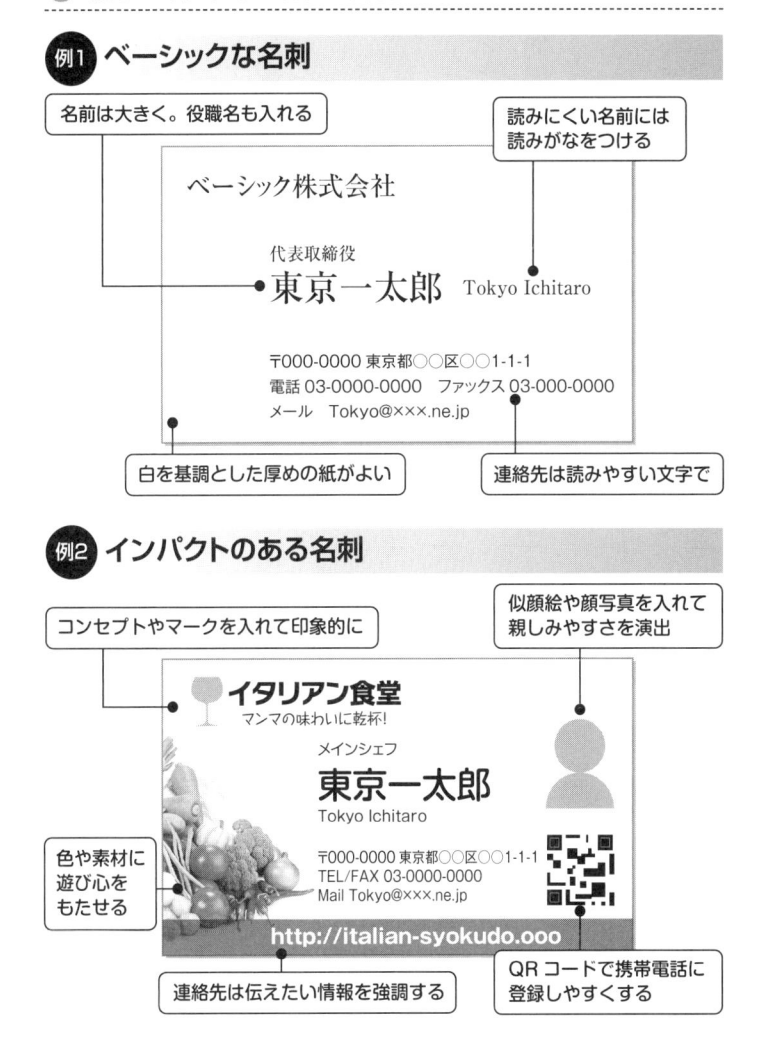

例1 ベーシックな名刺

名前は大きく。役職名も入れる

読みにくい名前には読みがなをつける

ベーシック株式会社

代表取締役
東京一太郎　Tokyo Ichitaro

〒000-0000 東京都○○区○○1-1-1
電話 03-0000-0000　ファックス 03-000-0000
メール　Tokyo@×××.ne.jp

白を基調とした厚めの紙がよい

連絡先は読みやすい文字で

例2 インパクトのある名刺

コンセプトやマークを入れて印象的に

似顔絵や顔写真を入れて親しみやすさを演出

イタリアン食堂
マンマの味わいに乾杯!

メインシェフ
東京一太郎
Tokyo Ichitaro

〒000-0000 東京都○○区○○1-1-1
TEL/FAX 03-0000-0000
Mail Tokyo@×××.ne.jp

http://italian-syokudo.ooo

色や素材に遊び心をもたせる

連絡先は伝えたい情報を強調する

QRコードで携帯電話に登録しやすくする

5 パンフレット作成のポイントは?

✓ パンフレットはターゲットとイメージづくりを明確にする

パンフレット、チラシなどの販促物は、事業の内容や特徴を知ってもらうためにあります。費用もそれなりにかかりますから、誰に対して、何を訴えかけたいかを、慎重に検討しましょう。パンフレットの方向性を決めるポイントは次のとおりです。

① **目的**……事業の認知度を上げる、店に来てもらう、自社にしかない商品を知ってもらうなど、目的を明確にする。

② **対象**……どんな客層をねらうのか、ターゲット像を想定する。それによってデザインの方向性や文字の大きさなどが決まってくる。

③ **配布期間**……開業日、特売日など特定の期間にだけ配布するか、数年にわたって配るものかを決める。

販促物を多くつくる場合は、イメージカラーやトレードマークなど、視覚的なイメージを決めておきます。毎回、違うデザインやコンセプトでつくると、覚えられにくく、一貫性のない印象を与えます。同業者のパンフレットやチラシを研究するとよいでしょう。

→ 販売促進・認知度向上に役立つビジネスツール

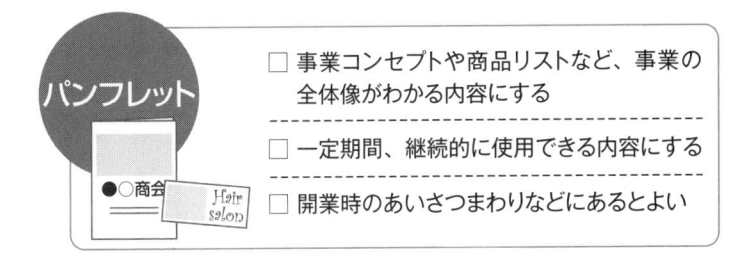

パンフレット
- [ ] 事業コンセプトや商品リストなど、事業の全体像がわかる内容にする
- [ ] 一定期間、継続的に使用できる内容にする
- [ ] 開業時のあいさつまわりなどにあるとよい

チラシ
- [ ] 商品紹介や販売を目的とした、短期間使用する配布物
- [ ] インパクトを重視。色使いや写真、文字を効果的にレイアウトして視覚に訴える

フリーペーパー
- [ ] コラムや写真など娯楽的な要素を入れて、楽しんで読んでもらうことから、事業への関心をひきつける
- [ ] DMに同封したり、店頭などに配置・配布する

ダイレクトメール（DM）
- [ ] 過去に顧客となってくれた人に、お知らせやお得情報を伝える
- [ ] リピーターを生み出す可能性の高い販促ツールとなる

6 ホームページをつくるには?

↙ 安価で効果的な販促ツール。アクセス数を増やす工夫がポイント

開業したばかりの事業者にとって、ホームページほど安価で効果的に宣伝できるツールはありません。インターネットによる広告・宣伝は、地域に限定されず、**日本全国からアクセスが可能**で、場合によっては**海外にまで商圏を広げられる**可能性を秘めています。

現在は、プロバイダーと契約するところも増えています。また、**有料のレンタルサーバー**を契約して、独自のドメインを取得することもできます（料金は年間2000〜5000円が一般的）。

ホームページの中身は、デザイン会社などに依頼する方法もありますが、あるいは市販のホームページ作成ソフトを使って自分でつくることもできます。

ホームページは、商品やサービス、事業の実績などを紹介する基本的な情報ページのほかに、事業者の仕事日記やコラムなどのページを入れたり、ブログなどとリンクさせて内容の充実をはかるとよいでしょう。アクセス数が増え、親しみをもってもらえる効果があります。

第3章 開業に向けた具体的な準備

→ ホームページの特性を生かした顧客獲得のノウハウ

コンセプト
事業の特徴やこだわりなど

アクセス数アップ
日記やコラムなどの更新をこまめにするとアクセス数がアップしやすい

トップは顔
トレードマークやイメージ写真を入れて印象的に

```
ねこカフェ
まったり

癒しの空間      まったりニュース        まったり
猫の紹介        ○○○○○○○○○○      ブログ  毎日更新
メニュー        ○○○○○○○○○○
                ○○○○○○○
営業時間        TOPICS                みんなの
アクセス        ○○○○○○○○○○      掲示板
                ○○○○○○○○○○
                ○○○○○○○          お問い合わせ

Copyright © ×××. All Rights Reserved.
```

基本情報
メニューや住所、営業時間などはわかりやすい位置に

双方向性
お客様の掲示板をつくったり、問い合わせメールを明示することで口コミ効果や顧客確保につなげる

チラシ効果
ニュースやトピックスでは新しいお得情報をアップして新規顧客を集める

7 店舗・事務所を構えるには?

立地や賃料のほか、事業に不利な付帯条件はないかも確認する

●アクセスがよく、人が集まり、わかりやすい場所が条件

店舗や事務所の開設には、**多額の費用**がかかります。SOHO（94ページ参照）なら自宅で開業できるのでコストは抑えられますが、飲食業やサービス業、小売業など、お客様が来店して商売が成り立つ事業では、基本的に店舗や事務所スペースが必要です。

物件を選ぶうえで、一番大きなポイントは**立地**です。来店するのに**アクセスがよく、人が集まる場所**であることや、**わかりやすい場所**であること、近くに**競合他社がないこと**（専門店街に開店するなどはメリットになるケースもある）などが求められる条件になります。

高級住宅街やオフィス街など、**街の特性**も考慮する必要があります。また、建物の築年数や構造、広さなども重要です。

ある程度、エリアを絞って物件探しをして、条件にあう物件が見つかっても、一度の内見で決めてしまってはいけません。**何度か訪れて**、時間帯や曜日ごとの人通りの変化や、周辺の商業の状況などをチェックしましょう。

物件選びのチェックポイント

エリア・場所

- □ **アクセスがよい**
  （電車やバスなどの交通機関の便、幹線道路に近いなど）
- □ **集客施設がある**
  （周辺に住宅街、学校、文化施設があるなど）
- □ **業種に適している**
  （オフィス街、商店街、郊外などエリアの特性を考える）

地域の特性による事業適性

■**商店街**…小売店やクリーニング店、飲食店など生活に密着した事業に向いている
■**住宅街**…高級住宅街なら隠れ家レストラン、エステサロンなどの高級店も可能性あり
■**オフィス街**…弁当店、士業、デザイナー業、喫茶店などビジネスシーンと関連が深い事業
■**郊外**…製造業や加工業など工場をもつ事業。大型レストラン、販売業なら幹線道路沿い
■**繁華街**…周辺地域から人が多く集まる。ブティックや飲食店など

人の流れ

- □ **ターゲット層と街は一致しているか**
  （街に集まる人の年齢層、生活スタイルなどをチェックする）
- □ **曜日や季節による違い**
  （平日と休日の差、レジャーシーズンなど）
- □ **時間帯による違い**
  （朝夕の通勤時間帯、昼間、深夜など）

競合他社

- □ **自社とかぶらないか**
  （商品・サービスの内容や価格、セールスポイントなど）
- □ **繁盛しているか**（事業の可能性はあるか）
- □ **どんな客層か**（地域のニーズを読みとる）

●契約時は初期費用と付帯条件に注意する

不動産の賃貸契約時は、前払いの賃料以外にさまざまな費用が発生します。たとえば、

マンションやアパートを借りるときは敷金、礼金（関西ではまとめて「敷引き」と称されることが多い）などがかかりますが、店舗用や事務所用の物件の場合は、保証金、権利金がそれらに相当します。それぞれ、かなりまとまった金額が必要になります。

また、賃貸物件の多くは**付帯条件**がついています。飲食店不可、深夜営業不可、電気使用容量の制限、看板とりつけの制限などです。賃貸契約を交わしてしまってから、事業に支障をきたす条件に気がついても、もう手遅れです。念入りに確認し、心配な点があれば**仲介する不動産業者に確認しましょう。**

また、不動産業者はチェーン店よりも、**古くから地元で営んでいる地域密着型の業者**のほうが、地元の情報に強かったり、地域の地主とのつきあいが長く、優良物件を多く抱えていることがあります。現在の不動産業界は、業者同士がお互いの物件情報を共有するシステムがありますが、こと優良物件に関しては、共有しないで自社にキープしておく業者も少なくありません。とくに地域密着型の業者はそうした傾向にあるようです。

ちなみに、不動産業者の営業年数を知るには、免許番号「〇〇知事（×）×××××××」のカッコ内の数字に注目します。この番号は免許更新の回数を示しています。

店舗・事務所の賃貸契約にかかる費用

保証金 (敷金にあたる)	・賃料（月額）の**3〜10カ月分**が一般的 ・賃料の滞納や解約時の原状復帰費用にあてられる ・差額が生じれば、還付あるいは追加で費用を請求される
権利金 (礼金にあたる)	・賃料の**1〜2カ月分程度**。ゼロの物件もある ・オーナーに支払われる ・利益を生む建物への対価、のれん代として払うもので返還されない
賃貸料	・毎月の**前払い**が基本 ・契約のタイミングによって、最初の月は日割り計算になる
共益費	・**共用部分の維持管理**の費用 ・マンションやビルなどの契約に多い
仲介手数料	・不動産業者に支払われる手数料 ・契約賃料の**1カ月分**が相場

知って得！ レンタルオフィスで初期費用を抑える！

事務所開設は初期費用の高さがネック。安く抑えたいなら、民間のレンタルオフィスやシェアオフィス、自治体提供のインキュベーション施設を利用するのがおすすめ。受付や電話応対、打ち合わせスペースなど充実したサービスと施設を提供しているところもある

8 SOHOで始めるには？

自宅を仕事場にすれば低コストで開業できるなどメリットが多い

起業すると、店舗や事務所が必要となり、多額の資金が必要です。しかし、業種や内容によっては、**自宅を仕事場にできる**事業もあります。

パソコンやプリンター、ファクスなど、業務に必要な機器をそろえて、自宅をオフィス化する**SOHO**（ソーホー：Small Office / Home Office）の形態は、ライター業やデザイナー業、コンサルタント業などで多く見られます。

また、ネイルサロンやエステサロンなどを自宅で開業する人も増えています。ほかにも、インターネットショップを立ち上げて通信販売を始める小売業なども、店舗や展示用の什器（じゅうき）を必要としないため、**自宅で、低コストで開業できる**メリットがあります。

SOHOでは、自宅の**家賃や水道光熱費**を、事業用として使用した割合に応じて**経費算入することができます**。自宅で開業すれば、賃料などを節約できるだけでなく、通勤時間もかからず、いつでも仕事ができるといったメリットもあります。さらに、商圏の変更や事業の軌道修正もしやすいため、リスクの軽減にもつながります。

自宅でできる SOHO 事業例

ネットショップ	アクセサリーや雑貨、革小物など小物系のネット販売。eBay（イーベイ）などのオークションサイトを経由して世界中をマーケットにすることも可能
移動飲食店	弁当、惣菜、パン、飲み物などを自宅で調理して、車による移動型店舗で販売する
デリバリー	寿司やピザ、パーティ料理のケータリングなど、宅配サービスする飲食業
美容・マッサージサロン	エステやネイル、マッサージなど、自宅の一室を改装して開業
学習塾・教室	学習塾、書道、フラワーアレンジ、料理教室など自宅で習い事を教える
出張サービス	家事代行、ハウスクリーニング、便利屋など、お客様の家や事務所で作業する
自宅オフィス	ライター、デザイナー、カメラマン、翻訳家、設計士などのクリエイティブ系、行政書士や司法書士、税理士などの士業

知って得! SOHOほど就業規則が必要!?

自宅開業のデメリットは、仕事とプライベートの切り替えがしにくいこと。服装も時間も自由度が高いので、かえって仕事以外の時間でリラックスできないこともある。そこでおすすめしたいのは、基本的な就業時間や仕事スタイル（襟付きの服を着るなど）を決めること。決まりごとをつくれば、仕事にも集中できるようになる

9 設備・備品の準備はどうする？

リサイクルショップやリースを利用すれば開業費を抑えられる

飲食店や小売店、マッサージサロンなどは、専用の**設備**が必要ですし、従業員を雇う場合にはデスクやロッカーなどの**什器**が必要です。ただし、過剰な設備投資は、スタート時点から**資金計画に無理を強いる**ことになるので注意しましょう。

まず、購入前に店舗のイメージを固め、必要な備品のリストをつくり、専門店をリサーチして価格や品質を調べます。その際に、オフィス用品や厨房機器の**リサイクルショップ**をのぞくことをおすすめします。新品の半額から3分の1の格安価格で入手できることもあります。そして、実際の購入は、**テナントの賃貸契約後**にすること。設備のサイズがスペースにあわないと、動線や見た目が悪くなりますし、入口の幅が狭くて搬入できないといった事態も考えられます。また、**メンテナンス費用**も確保しておきましょう。

価格の高い設備は、**リース契約や割賦契約**を結ぶ方法もあります。一定額以上の設備は減価償却（数年に分けて経費に組み入れること）の対象となり、購入費の全額をその年の経費にすることはできません。**リースや割賦ならば支払額と利息が経費扱い**となります。

第3章 開業に向けた具体的な準備

→ 設備・機器を購入するときの注意点

新品
- ○ きれいで状態がよい
- ○ 長く使える
- ○ 保証期間がある
- × 価格が高い

brand-new

中古品
- ○ 価格が安い
- × 汚れや劣化がある
- × 壊れやすくなっている可能性がある
- × 保証期間がないことが多い

used

リース品・割賦品
- ○ 初期費用を抑えて高額設備が設置できる
- ○ 経費に算入しやすい
- × トータルで割高になることもある

lease

知って得！ 居抜き物件はハイリスク、ハイリターン

前の借主が使っていた状態でテナントを借りることを「居抜き」という。居抜きの場合、設備投資が大幅に抑えられるので、新規事業者にとっては渡りに船だが、逆に考えると、繁盛しない条件がそろっている危険性もあるので、慎重に多角的に判断しよう

10 金融機関とはどうつきあう?

用途に応じて預金を分ければ信用や利便性がアップする

金融機関も利用の仕方次第で、信用が増したり、利便性が高まることがあります。

たとえば、事業に関わるお金を預ける場合でも、預金にはさまざまな種類があります。出し入れがしやすいのは**普通預金**ですが、事業で得た利益の余剰分を**定期預金や定期積金**などに回すことで、金融機関からの信用度がアップします。また、手形や小切手を利用するときは、**当座預金**が必要です。税金を納める資金をプールしておく**納税準備預金**もあります。

1人で独立・起業すると、仕入先への支払いや代金の振り込み確認などは、いちいち金融機関に足を運ぶと業務に支障をきたしてしまいます。そんなときに便利なのが、**インターネットバンキング**です。パソコン上で残高照会や振り込み、明細照会などができます。入金があったときにメールで知らせてくれるサービスもあります。大手銀行の口座で利用可能なものもありますし、無店舗の**インターネット銀行**でも利用できます。ネットバンクは**振込手数料が割安**だったり、**金利が低い**などのメリットがあります。

預金の種類とその用途

普通預金 経費の引き落とし、支払い・入金用の口座	・日常の入出金が自由で利便性が高い ・公共料金や保険料などの自動支払いが可能 ・利率は当座預金をのぞき、もっとも低い
当座預金 小切手・手形の決済用の口座	・完全無利息 ・元本保証。銀行が破たんしても全額が保護される
定期預金 余剰金をプールしておく資金運用の口座	・一定期間払い戻しをしないことを条件に、高い金利がつく ・途中解約する場合は、かなり低いペナルティ金利が適用される
定期積金 将来の改装費用や新店舗のための貯蓄口座	・定期的に掛け金を払い、満期に受けとる ・信用金庫、信用組合で扱う
納税準備預金 納税用の資金をプールする口座	・利率は普通預金より高め

知って得! 融資を受けたいなら信金・信組をメインバンクに!

同じ金融機関でも、都市銀行の融資は、おもに大きな会社を対象とし、信用金庫や信用組合は、地域に根差して中小企業を相手にしている。将来、融資を受ける可能性があるなら、いまから信金・信組も利用しておくのも手だ

11 運営のルールはどうする？

就業時間や支払日を決めることは対外的な信用面からも必要

会社にはさまざまな就業規則があります。これは社内の業務をスムーズに遂行するとともに、**取引先やお客様と信頼関係を築くために必要な基本ルール**です。独立・起業したら、あなたが事業のルールのつくり手になります。

たとえば、**就業時間**を決めることは、独立後の自分の生活を律するだけでなく、お客様からの問い合わせなどに対応するためでもあります。また、仕入先への毎月の**支払日**を決めておけば、払い忘れなどのトラブルを未然に防ぐことができます。いくら仕事ができても、それ以外の部分で基本的なことができなければ、取引先やお客様の信用低下にもつながります。

また、従業員を雇う予定があるなら、いまのうちにある程度のルールを決めておく必要があります。従業員を雇い入れれば、就業時間や休日などを決めなくてはなりません。とくにサービス業や士業など接客の業務がある事業は、あいさつや電話対応、クレーム対応などの**マニュアル**をつくっておくと、従業員のサービスの質を確保することができます。

決めておくべき運営のルール

就業時間 （営業時間）	・ターゲットとなるお客様の行動時間と自分の生活パターンとのバランスをとって決める。差がある場合はコアタイムなどを決めるのもいい ・従業員については原則として労働基準法に従う。時間外労働（残業）、休憩時間などに関するルールも決めておく
定休日	・できるだけお客様のペースにあわせるのが理想。長期休暇をとるときは、あらかじめ告知しておくことも必要 ・従業員は原則として労働基準法に従う（年次有給休暇、休日の振替、代休制度、育児休暇など）
請求の締日・支払日	・「毎月25日締め・翌月末払い」など、仕入先や外注先にあらかじめ告知しておく
請求の支払い	・銀行振り込み、現金決済など、一定の決済方法を決めておく
経理日	・1人で営業している場合、帳簿をまとめる時間帯や日を決めておく
給与の支払い	・基本給、賞与、時間外手当（残業代、休日出勤手当）、支払日、支払方法などを決めておく
マニュアル	・必要となる業務をリストアップし、対応やサービスの範囲を決めておく。家族が従業員でもマニュアルはあったほうがよい ・業種によっては服装、清掃についての決まり事も明記する

12 仕事のパートナーはどうする?

お互いの欠けている能力を補いあえる共同経営が理想的

仕事のパートナー（共同経営者）は、3つのタイプがあります。
① 起業にあたって等分に出資しあう
② どちらかがメインになって出資する
③ 出資せず、業務のアドバイス、助力を受ける

共同経営の場合、ネックになるのは**意思決定の仕方や責任の所在、利益の配分**です。さまざまな問題、トラブルの発生を想定して、あらかじめ**解決のためのルールを決めておく**必要があります。また、家族をパートナーにするときは、むりやり巻き込むのではなく、事業について共通の認識や関心をもつことが大切です。お互いの能力や性格を分析して、**適材適所で役割分担**すれば、事業を成功に導くことができるでしょう。

共同経営は、**お互いの欠けている部分を補いあえる点が魅力の1つ**です。ただし、いくら対等な関係であっても、対外的には、代表者やCEO（最高経営責任者）を決めておく必要があります。

第3章 開業に向けた具体的な準備

→ 共同経営者の選び方

●共同経営者に求められる資質

- ☐ お互いの**長所と短所**を判断できているか
- ☐ **事業の展望**は一致しているか
- ☐ 経験やノウハウなど、それぞれの**得意分野**があるか
- ☐ これまでに**一緒に仕事をした**ことがあるか
- ☐ お互いに、ときには「**引く**」こともできるか

●共同経営のメリット

- 資金調達がしやすい
- 役割分担ができる
- 人脈が2倍になる

13 仕入先の確保と取引の仕方は？

仕入先の良し悪しは事業の成否に関わる重要ポイント

仕入は商売の基本、事業の成否を分ける重要なポイントです。仕入先の選定基準は、必要なときに、必要な商品を、適正な価格で、継続的に提供してくれる業者であることです。そうした仕入先を探すには、まず多くの業者に問い合わせをし、実際に足を運んで条件などの交渉をすることです。

仕入先は、問屋、卸売市場といった仲買を通す場合と、メーカーや生産者と直接交渉して商品を仕入れる方法があります。後者は現金取引が多くなりますが、仕入価格を比較的安く抑えられるメリットがあります。あるいはディスカウントストアなどでも、安く仕入れられる場合があります。気をつけてほしいのは、**支払いサイト**です。「毎月何日締めで、何日払い」なのかを確認しておきましょう。仕入の支払日が、売上の入金よりも前になると、**資金繰り**が苦しくなってしまいます。

仕入れた商品を**いくらで売るか**も、重要です。**売値**の中には**仕入値**や**諸経費**、**利益**を盛り込まなくてはなりません。左図の**マージン率**を参考にして価格を設定しましょう。

仕入値と売値の関係

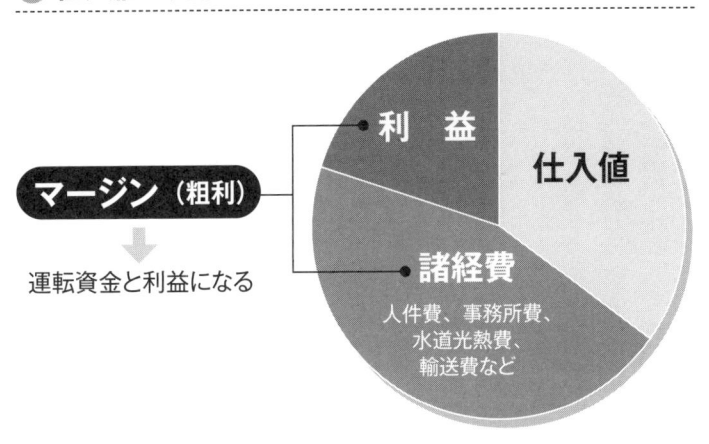

マージン（粗利）

⇩

運転資金と利益になる

- 利　益
- 仕入値
- 諸経費
  人件費、事務所費、水道光熱費、輸送費など

業種ごとのマージン率

※マージン率とは、売値に占める諸経費と利益の割合。（　）の数字を下記の式に入れる

食料品製造業	33.6% (0.336)	飲食料品小売業	32.6% (0.326)
一般飲食店	64.5% (0.645)	洗濯・理容・浴場業	87.0% (0.87)
出版・印刷業	44.4% (0.444)	一般機械器具製造業	32.3% (0.323)
道路貨物運送業	38.0% (0.38)	広告業	44.1% (0.441)
情報サービス・調査業	62.1% (0.621)	医療業・保健衛生業	76.9% (0.769)

資料：中小企業庁「中小企業の財務指標」（平成19年発表）

$$売値 = 仕入値 \div (1 - マージン率)$$

コラム

レンタルやリースを上手に利用する

66ページで解説したとおり、事業開始に必要なお金には、開業資金と運転資金があります。実際に商売を始めるとなると、「できるだけいい場所に店を開きたい」とか「最新の設備をとりそろえたい」などと思い始めて、お金はいくらあっても足りなくなってしまうものです。商売を成功させるポイントは、「小さく始めて、大きく育てる」こと。よほど資金に余裕がある場合を除いて、創業当初にかける費用はできるだけ抑えるように工夫することが大切です。

たとえば、商品を展示する什器や厨房で使う機器など、設備・機材を購入する場合は、正規の価格よりも安く手に入る中古ショップやディスカウントショップで選ぶのも1つの方法です。また、購入するのではなく、レンタルやリースを利用する方法もあります。

コピー・ファクス・レジスターほか、商売で必要な設備・機材の多くはリースが利用できます。リースなら、毎月決められたリース料を支払えば、高額なものでも初期費用を抑えて手に入れられます。

また、高額商品を購入してしまうと、減価償却をしなくてはならず、わずらわしい手間が増えますが、リースならリース料を全額、必要経費にできるというメリットがあります。中途解約に制限があったり、購入するよりも割高になるというデメリットも考えあわせて、利用を検討してみてはどうでしょうか。

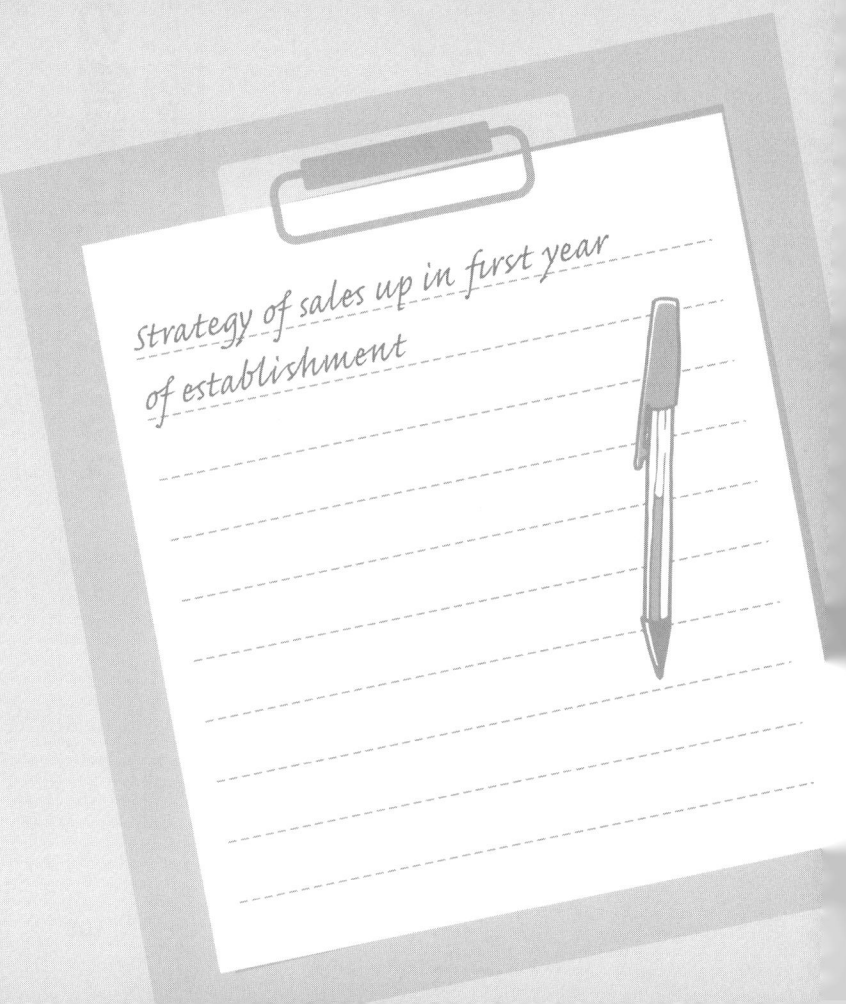

第4章 独立1年目の売上アップ術

Strategy of sales up in first year of establishment

1 開業当初の営業はどうする?

開業直後はアポがとりやすい。直接会ってアプローチする

事業をスタートさせても、お客様は向こうから来てはくれません。あなた自身が営業マンとなって事業をアピールしていく必要があります。まずやるべきことは、はがきやダイレクトメール、インターネットのメールなどを使った、**開業のお知らせ**です。前の職場と同業での独立なら、これまで仕事で関わった人や、業界他社の知人にも知らせましょう。

開業したばかりの頃は、「ごあいさつ」を理由にアポとりがしやすいタイミングです。仕事をもらえそうな相手には、**直接会って営業をかけましょう**。業種によっては、ニーズがなさそうでも、ほかに必要とする人がいれば紹介を頼むこともできます。

開業当初に、顧客を獲得できる可能性がもっとも高いのは、**知り合いルート**です。あなたの人柄や仕事の実力を知っている人なら、独立したばかりでもある程度信頼してくれ、仕事をまかせてくれるでしょう。そこで実績を上げれば、次第にほかの顧客からも依頼が入るようになります。

開業当初は、「ごあいさつ」を理由にアポとりがしやすいタイミングです。業種によっては、飛び込み訪問や、電話帳を使って片っ端から電話営業をかける方法も有効です。

第4章 独立1年目の売上アップ術

事業がスタートしたら早速、営業開始!

開業のお知らせ

はがきやダイレクトメールで開業したことを伝える。小売業やサービス業なら割引券やお試し券などをつけるのもよい

開業パーティ・お試し会

自社の店舗や事務所内、またはレストランなどで開業パーティ(あるいはお試し会など)を開く。話題になるし、来客と会って仕事につながる話もできる

訪問営業

■アポとり営業
電話などで約束して、指定された日時に見込み客を訪問する

■飛び込み営業
とにかく数をこなす営業手法。相手にとっては突然の訪問なので、アプローチの仕方やセールストークに工夫が必要

■プレゼン営業
アポとりの際に相手のニーズをキャッチして、面会時に具体的な仕事案を提示する

2 売上を上げる・利益を増やすには？

相場と需要を勘案して適正な販売価格をつけることが大切

いくら多くの仕事が舞い込んできても、適正価格を大きく下回る金額で受注していたら、いつまでたっても利益は出ず、事業は失敗に終わります。

適正価格を割り出すには、まず**一般的な価格**の相場を調べます。次に、自社の商品・サービスの**総原価**を算定します。総原価とは、1商品あたりの**仕入原価**（製造業の場合は**製造原価**。いずれも経費を除く）と、それにかかる**経費**（運送料、賃料、水道光熱費など）です。それに**利益**を足して、**希望販売価格**とします。

この希望販売価格と一般的な価格を比較し、希望販売価格が下回るならば、価格を上げて利益率を上げるか、あるいは安さを自社の魅力にしてもいいかもしれません。希望販売価格が上回る場合は、**自社の商品・サービスに価格に見あうだけの魅力があるかどうか**を客観的に判断しましょう。「この価格では買ってもらえない」と判断したら、仕入原価、経費、利益を見直して、削れる部分がないか探します。実際の販売価格は、くれぐれも総原価を下回らない価格にしましょう。下回ると、売れるほど損失が増えてしまいます。

第4章 独立1年目の売上アップ術

商品・サービスの販売価格はどう決める?

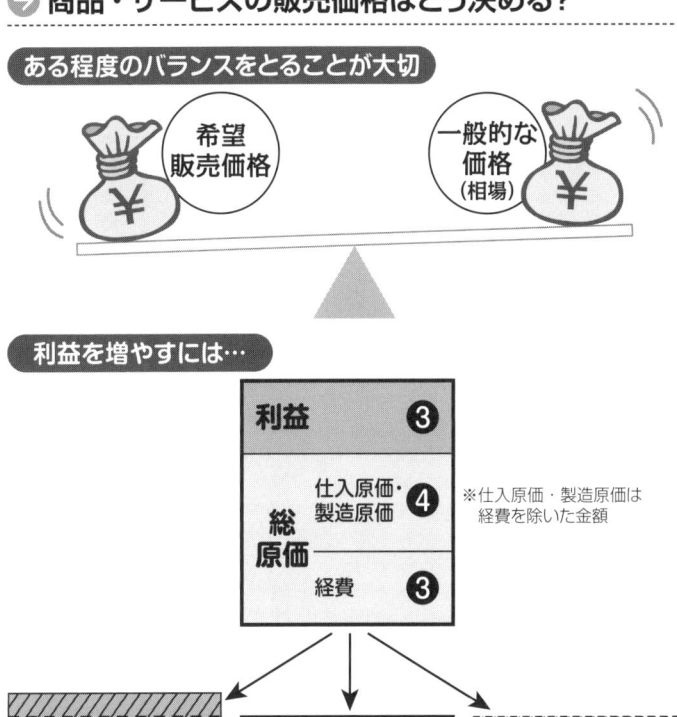

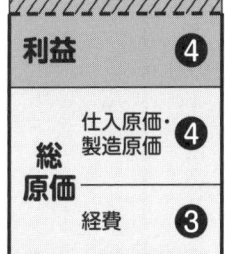

ある程度のバランスをとることが大切

希望販売価格 ／ 一般的な価格(相場)

利益を増やすには…

利益 ❸
総原価 — 仕入原価・製造原価 ❹
経費 ❸

※仕入原価・製造原価は経費を除いた金額

利益 ❹
総原価 — 仕入原価・製造原価 ❹
経費 ❸

利益を上乗せして価格アップ

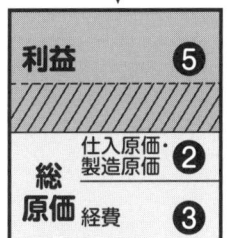

利益 ❺
総原価 — 仕入原価・製造原価 ❷
経費 ❸

価格据え置きで経費と原価を削る

利益 ❷
総原価 — 仕入原価・製造原価 ❹
経費 ❸

利益を下げて薄利多売

3 マーケットを調査するには？

↘ 他社から学び、お客様の声を聞いて商品・サービスの向上に生かす

競合他社をリサーチすることで得られるメリットは2つあります。1つは他社が提供していない商品やサービスを探り、それを**自社で提供することで独自色が出る**こと。もう1つは、競合他社の**優れている点をどんどん真似して自社に取り入れる**ことです。

大手企業では、マーケットリサーチ（市場調査）をたびたび行い、その結果を商品づくりやサービスの向上に生かしていますが、たとえ小さな会社でも、市場を知ることは必要です。

たとえば、自分の足で商圏をくまなく歩いたり、業界研究の勉強会などに出席して同業者から話を聞くなどして、**市場の現状をキャッチ**しましょう。業界紙や専門誌を定期購読するのも有効です。また、お客様の声には新商品やサービス向上のヒントがたくさんあります。また、**アンケート調査やクレーム**は貴重なアドバイスとして受けとりましょう。

こうして集めたデータは、戦略計画ツールとして有効な**SWOT分析**にあてはめて、検討してみましょう。具体的な目標や行動が導き出されるはずです。

第4章　独立1年目の売上アップ術

マーケットリサーチで商品・サービスの質を高める

競合他社やお客様からデータを集めたら、自社をSWOT分析してみよう

(SWOT分析：おもに企業などで用いられる、4つのポイントからアプローチする現状分析方法)

(例) カフェ経営の場合

強み Strengths
- おしゃれに敏感なお客様やインテリア好きに評判
- 他店にないオリジナルコーヒー豆を使用している

≫ タウン誌にアピール広告を出す

弱み Weaknesses
- 2階にあるので新規客をつかみにくい
- 他店に比べフードメニューが少ない

≫
- 1階にメニュープレートを出す
- つくりおきできるメニューを開発する

機会 Opportunities
- 近隣にマンション完成
- 来月、商店街のお祭りがある

≫ 期間限定でコーヒー割引券を配る

脅威 Threats
- 隣にチェーン系カフェがオープンする

≫ オープン時にあわせてスイーツフェアを開催し、お客が流れてくるのをねらう

4 品揃えやサービスをよくするには？

↙ 事業の成長は商品・サービスの進化とともにある

商品の品揃えは、仕入にかかっています。競合他社との競争力を高めるには、できるだけ質が高く、仕入値の安い商品を供給する仕入先の確保が求められます。

仕入は商売の生命線です。たとえば、日本酒をウリにする居酒屋の店主は、全国各地の蔵元を自ら訪ねて回っていたりします。いまの仕入先だけに頼らず、よりよい仕入先を見つけることも大切な企業努力の1つです。

事業の実績が積み重なれば、開業当初は取引がむずかしかった有名ブランドメーカーや大手問屋との取引、掛取引（代金後払い）も可能になってきます。事業をつづけるほど、仕入先の選択肢が増えて、質が上がっていきます。

一方、**サービスを向上させる方法**の1つは、日々の業務から学んだことをマニュアル化して、**自社のノウハウとして蓄積**し、従業員やアルバイトにも実践できる形にしておくことです。そうすればサービスの質は着実に向上し、生産性も上がってきます。

同じ努力を、競合他社も日々行っていることを肝に銘じて、改善に取り組みましょう。

第4章 独立1年目の売上アップ術

→ 商品の充実とサービスの向上をはかるアイデア

よりよい仕入先を得るには…

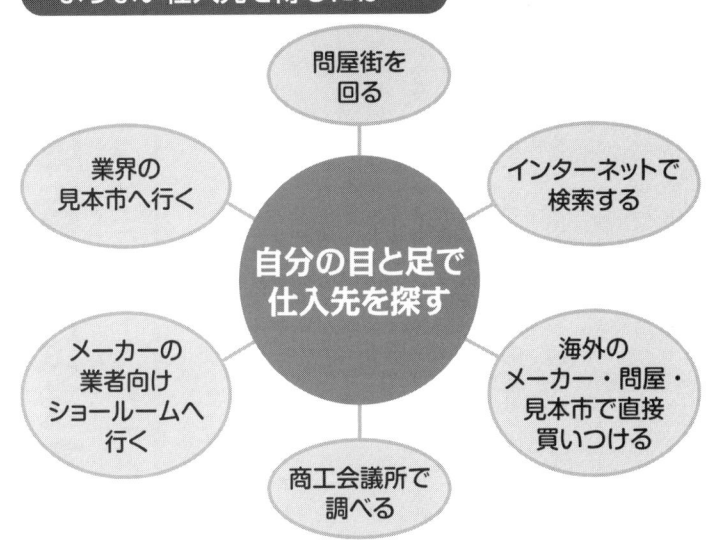

自分の目と足で仕入先を探す

- 問屋街を回る
- インターネットで検索する
- 業界の見本市へ行く
- 海外のメーカー・問屋・見本市で直接買いつける
- メーカーの業者向けショールームへ行く
- 商工会議所で調べる

サービスの質を向上するには…

お客様から評価されたサービスや、お客様が不満に思ったクレームを分析して、顧客満足度を高めるサービスをつねに追求していくことが大事。
これらは文書の形にまとめてマニュアル化し、すべての従業員が共有し、実践することで、質の高いサービスを均一に提供することが可能になる

5 効果的な広告・宣伝をするには？

☑ まずタウン誌やフリーペーパーで試してみる。看板も目をひく工夫を

開業当初の限られた予算の中で、効果的に広告をうつには、想定する**ターゲット層の行動や心理、関心事、ニーズなどを絞り込む**ことが大切です。テレビや新聞、雑誌などは費用が高くて現実的ではありませんが、**タウン誌やフリーペーパー**なら広告掲載費は比較的安く、しかも特定の地域にダイレクトに宣伝することができます。自社でチラシやパンフレットをつくるのと比べても、手間や時間がかからず、多くの人の目にふれるチャンスがあり、費用対効果は高いと考えられます。一度広告を出したら、その後の**反響や売上への影響を追跡調査**して、今後の販促策に役立てましょう。

小売業やサービス業なら、**看板などの屋外広告**も大事な宣伝方法の1つです。建物の壁にとりつける袖看板や突き出し看板、店先に置く立て看板などが一般的ですが、お客様の目にとまるには、たとえば美容院ならハサミをモチーフとした凝ったデザインにするなどの工夫が必要です。最近では、カラフルなのぼりを立てたり、電飾付きのスタンド看板を置くところも増えています。

ターゲット・目的にあわせて広告・宣伝手段を選ぶ

	広告手段	効 果
紙広告	チラシ（新聞折込、ポスティング、ラック）	地域の不特定多数にアピール
	ダイレクトメール	顧客が対象。リピーターを増やす
	ショップカード（店頭、ラック）	見込み客をひきつける
	POP広告	商品を手にとってもらう

	広告手段	効 果
屋外広告	壁面看板	店の存在をアピール
	スタンド看板	新しいメニューやサービス、ニュースを宣伝
	立体看板	インパクトで勝負
	袖看板・突き出し看板	ビルの2階以上は必須
	液晶ビジョン	インパクトと情報伝達

	広告手段	効 果
媒体掲載	フリーペーパー、タウン誌の掲載	地域住民にアピール
	電話帳に掲載	ニーズから来客につなげる
	インターネット広告	地域を限定せず商圏を広げる

6 顧客を増やすにはどうする？

リピーターをつくり、口コミで新規客を獲得する

小さくて、開業間もない事業が、お客様を増やすにはどうしたらいいでしょうか。価格を安くしたり、お金をかけて派手に宣伝するなど、いろいろな方法が考えられますが、商売が軌道に乗るまではあまりムリもできません。

顧客を増やすための基本的な方策は、自社の商品やサービスを何度も利用してくれるリピーターのお客様をつくり、信頼と評判を高めて、口コミなどによる新規のお客様を獲得することです。そして、**自社の評判を高めるには、お客様の予想を上回る商品やサービスを提供すること**です。

お客様は、つねに同業他社と比較してシビアな評価を下しています。同じような商品・サービスをすでに経験していれば、一般水準レベルではもはや感動しません。もし、あなたがそれ以上の商品・サービスを提供できたとしたら、**お客様は感動して高い評価を与えてくれる**はずです。そして、それは**口コミで別のお客様へも伝わります**。リピーターが増えれば、新規客もおのずと増えていく好循環が築けます。

第4章 独立1年目の売上アップ術

→ お客様の予想を上回る商品・サービスを提供しよう

> お客様が「このくらいだろう」と見積もる以上の商品やサービスを提供すると、好印象を与え、高い評価につながる

美容院

例 来店時におしぼりを出してリラックスしてもらう

アフターフォローを徹底する

飲食店

例 目的に応じてサプライズメニューを用意する

お客様の好みにあわせてメニューをアレンジする

小売店

例 わかりやすい使い方説明書をつける

商品を包む袋を再利用可能なエコバッグにする

ネットショップ

例 返品交換2回まで可能にする

注文後、即日発送ですばやく商品を届ける

リピーター客をつくる方法

- ポイントカードやサービスチケットをつくる
- 友人紹介制度をつくる
- 直筆入りのはがきやダイレクトメールを送る
- お客様の名前を覚え、特別サービスをする

7 インターネットを使った集客はどうする?

いまやSEO対策やツイッター、フェイスブックの利用は当たり前

最近では、ホームページを開設するなどしてインターネットをビジネスに利用することが当たり前になっています。ホームページに来てくれたお客様が、見やすく、魅力を感じてくれるように工夫することは当然必要ですが、その前に、数あるホームページの中から**お客様を自社のホームページまで導かなくてはなりません**。たとえば、検索サイトの上位に自社のホームページを表示させる「SEO」(検索エンジン最適化)というテクニックがあります。これはウェブ解析ソフトなどを使って自分でやることもできますし、外部の専門業者に依頼する方法もあります。

また、ブログ、ツイッター、フェイスブック、ミクシィなど、**無料で簡単に参加できるサービスを利用する**のもよいでしょう。これらには同じ関心や趣味をもつ人が集まってくるので、それが事業のターゲット層であれば、**利用者は有望な見込み客**になります。

あるいは、同業者とネットワークを結んでもよいでしょう。どんな業種でも、インターネットは集客の強力なツールとなります。

第4章 独立1年目の売上アップ術

→ インターネットのビジネス利用はいまや常識!

SEO（検索エンジン最適化）とは？

検索サイトの「検索結果」で
上位に表示されるようにするテクニック

インターネットサービスの特性を生かして利用しよう

ブログ	日々の出来事やニュースを日記形式でアップする。写真などを織り交ぜて、長文の情報も公開できる
mixi（ミクシィ）	日記や写真、アプリなどのコンテンツ。同好の人が集まるコミュニティもある。限られた人だけが閲覧可能にすることもできる
Facebook（フェイスブック）	日記や写真、アプリなどのコンテンツ。本名や社名などで登録するのがルール。世界中にネットワークが広がる
Twitter（ツイッター）	思いついた言葉やニュースをフォロワー（読者）にリアルタイムに見てもらう。タイムサービスなどの急な告知に最適

8 人脈や情報網を広げるには？

↙ アンテナを張りめぐらせ、チャンスは積極的に利用する

事業がうまくいっている人に共通するのは、**人脈づくりが上手**なことです。お客様から新規客を紹介してもらえたり、仕入先の口利きで取引したかった会社とつながったり、あるいは同業者とネットワークを組んで最新事情に通じるなどして、人とのつながりを利用してビジネスチャンスを広げています。

人脈を築くには、事業にはいま何が必要か、将来どうしたいのかといったテーマや問題意識を自分の中でつねに明確にもち、それに必要な情報や人脈をつかむための**アンテナを張っていること**が大切です。

人脈づくりのヒントの多くは、**お客様や取引先との会話の中にある**ものです。さらに、業界団体の勉強会や異業種交流会、各種のビジネスセミナー、地域の商店街での活動なども、すべて人脈づくりのきっかけになります。

そして、つきあいが始まったら、**ビジネスマナーを遵守**しながら信頼関係を深めていきましょう。

第4章 独立1年目の売上アップ術

人脈づくりに必要な4つのステップ

step1 交友を広げる

各種会合やセミナーなどに積極的に参加して、交友を広げる。あらかじめ自分や事業について簡潔に説明できるようにしておく

step2 相手を知る

自分を知ってもらうだけでなく、相手の仕事や関心事に興味をもつ。共通の話題が見つけられればなおよい

step3 おつきあいする

仕事につながるか否かは、タイミングや相手の状況しだい。相手の役に立てる場合は進んで手を差し伸べる

step4 信頼関係を深める

人脈を通じて仕事をするときは、その結果が人脈との信頼関係に関わる。失望させないように、誠実に仕事をする

コラム 経営セーフティ共済と小規模企業共済

事業主になると、いままで以上にお金にまつわる心配ごとやトラブルが絶えません。たとえば、自分の事業は順調でも、取引先が倒産してしまって売掛金が回収できなくなり、資金繰りが困難になるケースもあります。

そんな方が一の備えとしておすすめしたいのが、「経営セーフティ共済」への加入です。

これは、独立行政法人の中小企業基盤整備機構（中小機構）が運営する、国の共済制度で、取引先が倒産した場合に、無利子、無担保、無保証で融資を受けることができます。中小企業はもちろん、個人事業でも利用可能です。

毎月の掛金は5000〜20万円の中で自由に選ぶことができ、総額で800万円になるまで積み立てられます（掛金は必要経費、損金に算入できる）。そして、万が一のときには、倒産により回収が困難になった額か、または掛金の総額の10倍相当の額の、どちらか少ない額の貸付を受けられます（貸付限度額8000万円）。

また、取引先の倒産がなくても、臨時に事業資金が必要になった場合は、解約手当金の範囲内で貸付を受けることも可能です。

さらに、同じ中小機構が運営する「小規模企業共済」という制度があります。これは事業主のための退職金のようなもので、事業を廃止したり、一定の年齢に達した場合に、共済金が支払われます。いずれも掛金の負担にムリがないように上手に利用すれば、メリットが多い制度となっています。

第5章 個人事業はこうして始める

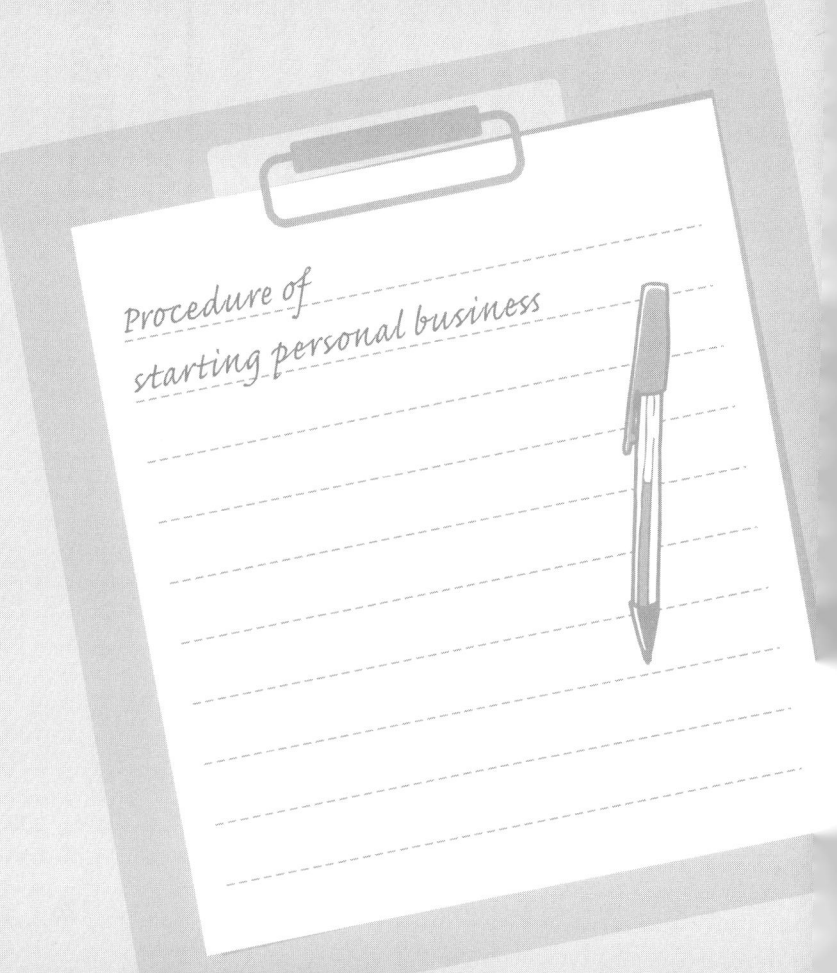

Procedure of starting personal business

1 開業に必要な届出は？

すべての事業者が必ず作成・提出するのは税金に関する届出書類

個人事業を始めたら、開業に関わるさまざまな書類を各行政機関へ提出（届出）しなくてはなりません。どの書類を届け出るかは、事業の内容ごとに違いがありますが、すべての個人事業者が届出の手続きをしなくてはならないのが、**税金に関するもの**です。これには、**個人事業の開業・廃業等届出書、事業開始等申告書（個人用）**などがあります。

また、事業の内容に応じて、提出しなくてはならない書類や、提出したほうがメリットのある書類もあります。これには、たとえば税制上の優遇を受けられる青色申告を選ぶための**所得税の青色申告承認申請書**や、家族に事業を手伝ってもらい、給料を払う場合に税制上の優遇が受けられる**青色事業専従者給与に関する届出書**、従業員を雇ったときに届け出る**給与支払事務所等の開設届出書**や**労働保険**に関する書類などがあります。このうち、おもな届出書類は左図の一覧に掲げたとおりです。

書類はそれぞれ、**届出先や提出期限が違う**ので、担当の行政機関に問い合わせて事前に確認しておくなど、**準備は早めに行い**、余裕をもって提出できるようにしましょう。

第5章 個人事業はこうして始める

→ 個人事業の開業後に届け出るおもな書類

届け出る書類	どんなときに必要か	届出先
個人事業の開業・廃業等届出書	開業したすべての個人事業者が必ず提出	税務署
事業開始等申告書（個人用）	開業したすべての個人事業者が必ず提出	都道府県税事務所、市町村役場
所得税の青色申告承認申請書	青色申告を選ぶときに提出（青色申告には税制上のメリットあり）	税務署
青色事業専従者給与に関する届出書	家族が事業を手伝い、賃金を払うときに提出	税務署
給与支払事務所等の開設届出書	従業員を雇ったときなどに提出	税務署
源泉所得税の納期の特例の承認に関する申請書	源泉徴収した所得税の納付を年2回にしたいときに提出	税務署
所得税のたな卸資産の評価方法の届出書	たな卸資産の評価方法を選びたいときに提出	税務署
所得税の減価償却資産の償却方法の届出書	減価償却資産の償却方法を選びたいときに提出	税務署
消費税課税事業者選択届出書	消費税の課税事業者となることを希望するときに提出	税務署
消費税簡易課税制度選択届出書	消費税の簡易課税制度を選びたいときに提出	税務署
労働保険保険関係成立届	従業員を雇ったときに提出	労働基準監督署
労働保険概算保険料申告書	従業員を雇ったときに提出	労働基準監督署
雇用保険適用事業所設置届	従業員を雇ったときに提出	ハローワーク
雇用保険被保険者資格取得届	従業員を雇ったときに提出	ハローワーク
健康保険・厚生年金保険新規適用届	従業員を5名以上雇ったときに提出	年金事務所
健康保険・厚生年金保険被保険者資格取得届	従業員を5名以上雇ったときに提出	年金事務所
健康保険被扶養者（異動）届	従業員を5名以上雇ったときに提出	年金事務所

2 個人事業の開業・廃業等届出書を出す

☑ 事業開始日から1カ月以内に所轄の税務署へ必ず届け出る

個人事業を始めたときに、必ず届け出なくてはならない書類の1つが、所轄の税務署へ提出する**個人事業の開業・廃業等届出書**です。この書類は、新たに個人事業主として国税を納める旨を伝える意味があります。また、この書類によって、①**青色申告**を選ぶのか、②**消費税**に関してどんな届出をするのか、③**給与の支払方法**はどうするのか、④**源泉所得税の納期の特例**を受けるのか、なども明らかにします。提出期限は事業を開始した日から1カ月以内で、税務署へ持参するか、郵送するほかに、e‐Taxで電子申請もできます。

また、同じくすべての新規開業者が必ず届け出なければならない書類として、事業所を管轄する**都道府県税事務所**と**市町村役場**に提出する**事業開始等申告書（個人用）**があります。これは**地方税**（住民税と事業税）の納付に関する書類で、提出期限は事業を開始した日から1カ月以内です。なお、自治体によっては、税務署へ提出する書類と県税・市町村へ提出する書類がひとまとめになっており、税務署へ届出をすれば県税・市町村へも自動的に書類が送られる場合があります。

第5章 個人事業はこうして始める

個人事業の開業・廃業等届出書

		1 0 4 0

個人事業の開業・廃業等届出書

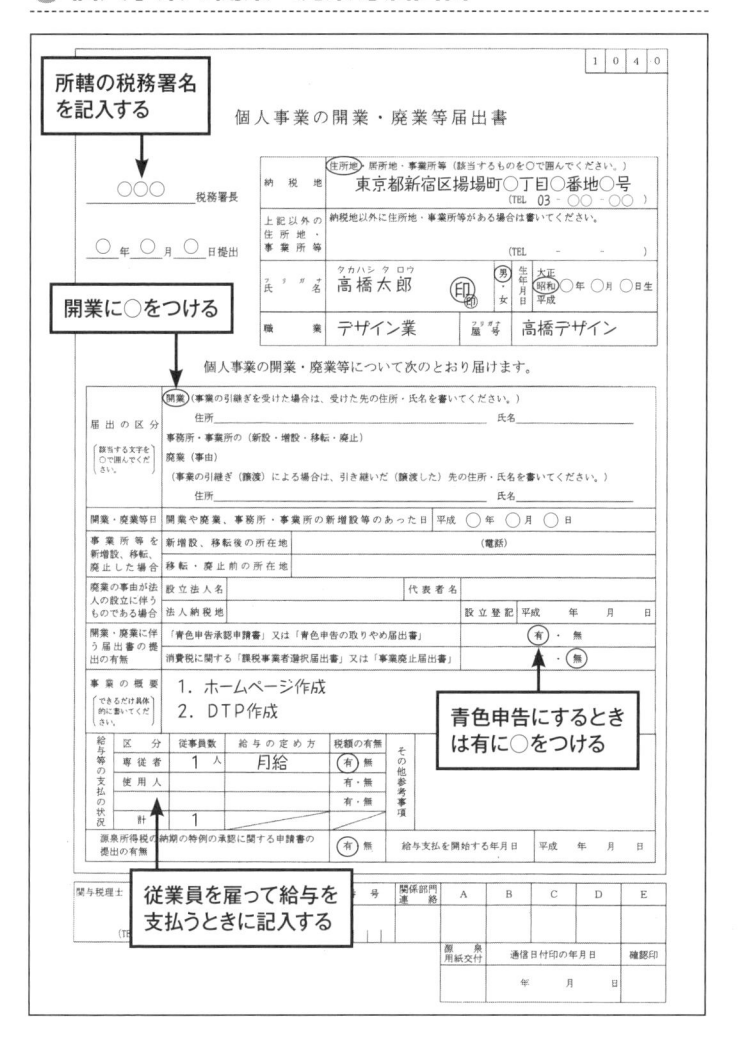

- 所轄の税務署名を記入する → ○○○ 税務署長
- ○年○月○日提出

納税地: （住所地）居所地・事業所等（該当するものを○で囲んでください。）
東京都新宿区揚場町○丁目○番地○号
（TEL 03-○○-○○）

上記以外の住所地・事業所等: 納税地以外に住所地・事業所等がある場合は書いてください。
（TEL - - ）

氏名: 高橋太郎（タカハシ タロウ）㊞　男・女　生年月日 大正・昭和・平成 ○年○月○日生

職業: デザイン業　屋号: 高橋デザイン（フリガナ）

個人事業の開業・廃業等について次のとおり届けます。

届出の区分: **開業**（事業の引継ぎを受けた場合は、受けた先の住所・氏名を書いてください。）
（該当する文字を○で囲んでください。）
住所　　　　　　　　　氏名
事務所・事業所の（新設・増設・移転・廃止）
廃業（事由）
（事業の引継ぎ（譲渡）による場合は、引き継いだ（譲渡した）先の住所・氏名を書いてください。）
住所　　　　　　　　　氏名

- 開業に○をつける

開業・廃業等日	開業や廃業、事務所・事業所の新増設等のあった日　平成 ○年 ○月 ○日
事業所等を新増設、移転、廃止した場合	新増設、移転後の所在地（電話） 移転・廃止前の所在地
廃業の事由が法人の設立に伴うものである場合	設立法人名　　代表者名 法人納税地　　設立登記 平成 年 月 日
開業・廃業に伴う届出書の提出の有無	「青色申告承認申請書」又は「青色申告の取りやめ届出書」　㊲・無 消費税に関する「課税事業者選択届出書」又は「事業廃止届出書」　有・㊎
事業の概要（できるだけ具体的に書いてください。）	1. ホームページ作成 2. DTP作成

- 青色申告にするときは有に○をつける

給与等の支払の状況	区分	従事員数	給与の定め方	税額の有無	その他参考事項
	専従者	1人	月給	㊲・無	
	使用人			有・無	
				有・無	
	計	1			

源泉所得税の納期の特例の承認に関する申請書の提出の有無　㊲・無　給与支払を開始する年月日　平成 年 月 日

- 従業員を雇って給与を支払うときに記入する

関与税理士　　　　　　　（TEL　　　）　　　関係部門連絡　A B C D E

源泉用紙交付　通信日付印の年月日　確認印
年 月 日

3 所得税の青色申告承認申請書を出す

開業日から2カ月以内に税務署に届け出ればメリットが大きい

個人事業主は、1月1日から12月31日までの1年間のうちに得たすべての所得に関して、**確定申告**を行って税金を納めなくてはなりません。

申告の方法には、**白色申告と青色申告**の2通りがあり、このうち**青色申告を選ぶと税制上の優遇が受けられます**。たとえば、最高65万円の特別控除（複式簿記の場合。簡易式簿記の場合は10万円の控除）が受けられる、家族従業員に支払う給与が必要経費とみなされる、といったメリットがあります。

青色申告を選びたいときに**税務署へ提出する書類**が、**所得税の青色申告承認申請書**です。開業した年の申告を青色申告で行うには、**開業日から2カ月以内が書類の提出期限**です（2年目以降はその年の3月15日まで）。

ただし、青色申告するためには、**経理の仕方が白色申告よりも面倒**です。正規の簿記による記帳をして、経理関係の書類は決められた期間内、保存しなくてはなりません。それでも、青色申告はメリットが大きいので検討してみましょう。

第5章 個人事業はこうして始める

→ 所得税の青色申告承認申請書

```
税務署受付印                                          1 0 9 0

                    所得税の青色申告承認申請書

                        (住所地・居所地・事業所等（該当するものを○で囲んでください。）
              納 税 地   東京都新宿区揚場町○丁目○番地○号
                                         (TEL 03 - ○○ - ○○    )
         上記以外の  納税地以外に住所地・事業所等がある場合は書いてください。
         住 所 地 ・
         事 業 所 等                      (TEL   -    -      )

  ○年○月○日提出
                        フリガナ  タカハシ タロウ           生年 大正
                        氏  名   高橋太郎        ㊞   月日 昭和 ○年○月○日生
                                                       平成

                        職  業   デザイン業    屋号  高橋デザイン
```

青色申告をして控除を受ける年度を記入

平成○年分以後の所得税の申告は、青色申告書によりたいので申請します。

1 事業所又は所得の基因となる資産の名称及びその所在地（事業所又は資産の異なるごとに書いてください。）
  名称 高橋デザイン   所在地 東京都新宿区揚場町○丁目○番地○号
  名称_____ 所在地_____

2 所得の種類（該当する事項を○で囲んでください。）
  (事業所得)・ 不動産所得 ・ 山林所得

3 いままでに青色申告承認の取消しを受けたこと又は取りやめをしたことの有無
  (1) 有（取消し・取りやめ）___年___月___日   (2) (無)

4 本年1月16日以後新たに業務を開始した場合、その開始した年月日 ○年○月○日

5 相続による事業承継の有無
  (1) 有 相続開始年月日 ___年___月___日 被相続人の氏名_____ (2) (無)

6 その他参考事項

  (1) 簿記方式（青色申告のための簿記の方法のうち、該当するものを○で囲んでください。）
     (複式簿記)・簡易簿記・その他（   ）

  (2) 備付帳簿名（青色申告のため備付ける帳簿名を○で囲んでください。）
     (現金出納帳)・(売掛帳)・(買掛帳)・(経費帳)・(固定資産台帳)・(預金出納帳)・手形記入帳
     債権債務記入帳・(総勘定元帳)・(仕訳帳)・入金伝票・出金伝票・振替伝票・現金式簡易帳簿・その他

  (3) その他

青色申告をして65万円の控除を受けるときの記入例

131

4 家族従業員に給与を払うときに出す届出

☑ 家族従業員に払う賃金を全額必要経費にできる制度がある

個人事業主が、配偶者や親族を従業員として賃金を支払う場合、この分は原則として経費として取り扱われません。ただし、例外があり、**青色申告**をしていて、かつ**青色事業専従者給与に関する届出書**を税務署に提出すれば、身内の従業員に支払った賃金の全額が経費として認められることになります。なお、白色申告を選んだ場合は、事業主の配偶者への支払いのうち86万円まで、その他の親族は50万円までが必要経費と認められます。

青色事業専従者とは、青色申告をする事業主と生計をともにする配偶者と親族（15歳以上）で、**1年のうち6カ月以上**（または事業に従事できる期間の2分の1以上の期間）、その事業に従事することが必要です。

また、事業主と生計をともにする家族を青色事業専従者とした場合は、**扶養控除や配偶者控除**などの対象ではなくなるので注意してください。

この書類の**提出期限**は、**開業1年目は開業日から2カ月以内**です。2年目以降については、申告する年の3月15日までに税務署へ提出します。

第5章 個人事業はこうして始める

→ 青色事業専従者給与に関する届出書

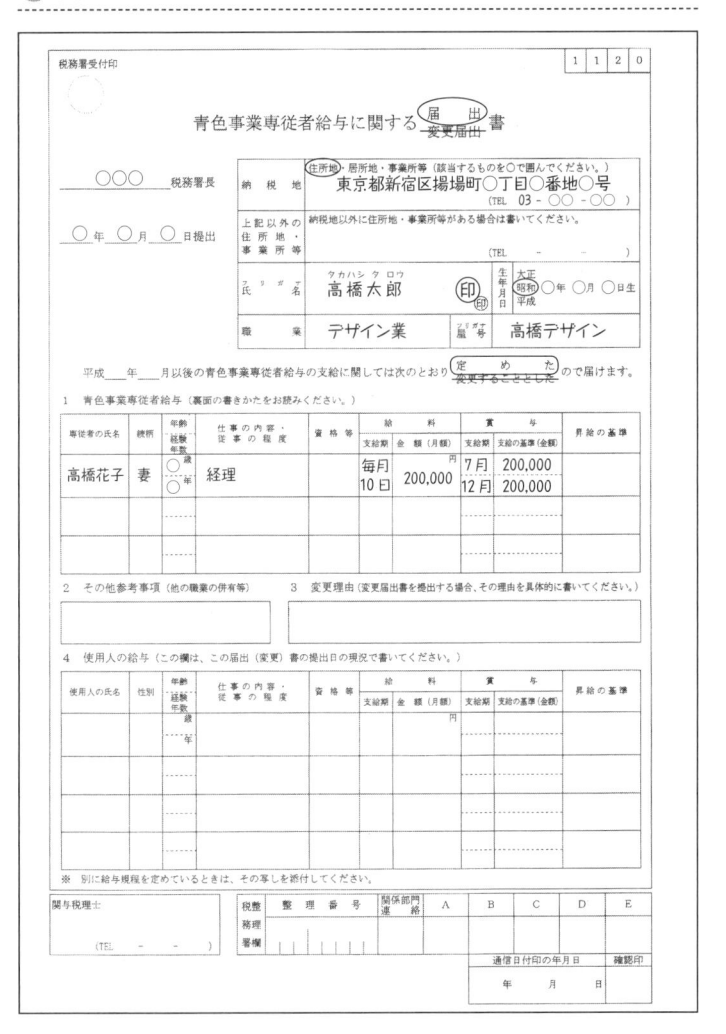

税務署受付印			1 1 2 0

青色事業専従者給与に関する <u>届　出</u> / 変更届出 書

___○○○___ 税務署長

○年 ○月 ○日提出

納　税　地	(住所地)・居所地・事業所等（該当するものを○で囲んでください。） 東京都新宿区揚場町○丁目○番地○号 （TEL 03 - ○○ - ○○ ）
上記以外の 住　所　地・ 事　業　所　等	納税地以外に住所地・事業所等がある場合は書いてください。 （TEL － － ）
フリガナ　タカハシ タロウ 氏　名　高橋太郎　㊞	生年月日　大正・昭和・平成　○年○月○日生
職　業　デザイン業	フリガナ　タカハシ 屋　号　高橋デザイン

平成　年　月以後の青色事業専従者給与の支給に関しては次のとおり <u>定めた</u> / 変更することとした ので届けます。

1 青色事業専従者給与（裏面の書きかたをお読みください。）

専従者の氏名	続柄	年齢 経験 年数	仕事の内容・ 従事の程度	資格等	給料		賞与		昇給の基準
					支給期	金額（月額）	支給期	支給の基準（金額）	
高橋花子	妻	○歳 ○年	経理		毎月 10日	200,000円	7月 12月	200,000 200,000	

2 その他参考事項（他の職業の併有等）　　3 変更理由（変更届出書を提出する場合、その理由を具体的に書いてください。）

4 使用人の給与（この欄は、この届出（変更）書の提出日の現況で書いてください。）

使用人の氏名	性別	年齢 経験 年数	仕事の内容・ 従事の程度	資格等	給料		賞与		昇給の基準
					支給期	金額（月額）	支給期	支給の基準（金額）	
		○歳 ○年				円			

※ 別に給与規程を定めているときは、その写しを添付してください。

関与税理士 （TEL － － ）	税整 務理 署欄	整　理　番　号	関係部門 連　絡	A	B	C	D	E
				通信日付印の年月日 年　月　日				確認印

133

5 従業員を雇ったときに出す届出

給与から所得税を源泉徴収して納付する義務が生じる

パートやアルバイト、あるいは手伝ってくれる家族など、従業員を雇って賃金を払うことになったら、事業主はその従業員の賃金から所得税を天引きしなくてはなりません（これを**源泉徴収**という）。これは、**本人の代わりに所得税を納税する義務**を負うことになります。あなたの店や事務所が、**給与支払事務所**になるのです。

そして、このことを**所轄の税務署**に書類で届け出る必要があります。届出書類は、**給与支払事務所等の開設届出書**です。提出期限は、**従業員へ給与を支払うことになった日から1カ月以内**です。この書類を提出すると、しばらくして税務署から必要書類一式が送られてきます。これには、税務署へ提出する書類のほか、**源泉所得税を納付する方法**などが記載されているので、必ず目を通しましょう。

なお、この「給与支払事務所等の開設届出書」は、会社の場合でも、従業員を雇ったら所轄の税務署に提出する必要があります。

第5章 個人事業はこうして始める

給与支払事務所等の開設届出書

給与支払事務所等の開設・移転・廃止届出書

※整理番号

税務署受付印

平成 ○ 年 ○ 月 ○ 日

○○○税務署長殿

所得税法第230条の規定により次のとおり届け出ます。

事務所開設者	（フリガナ）氏名又は名称	タカハシ 高橋デザイン
	住所又は本店所在地	〒162-0000 東京都新宿区揚場町○丁目○番地○号 電話（ 03 ） ○○ － ○○
	（フリガナ）代表者氏名	タカハシ タロウ 高橋太郎 ㊞

(注) 「住所又は本店所在地」欄については、個人の方については申告所得税の納税地、法人については本店所在地を記載してください。

開設・移転・廃止年月日 平成 ○ 年 ○ 月 ○ 日　給与支払を開始する年月日 平成 ○ 年 ○ 月 ○ 日

○届出の内容及び理由
（該当する事項のチェック欄□に✓印を付してください。）

		「給与支払事務所等について」欄の記載事項
		開設・異動前 / 異動後
開設	☑ 開業又は法人の設立 □ 上記以外 ※本店所在地等とは別の所在地に支店等を開設した場合	開設した支店等の所在地
移転	□ 所在地の移転	移転前の所在地 / 移転後の所在地
	□ 既存の給与支払事務所等への引継ぎ （理由）□ 法人の合併 □ 法人の分割 □ 支店等の閉鎖 □ その他（ ）	引継ぎをする前の給与支払事務所等 / 引継先の給与支払事務所等
廃止	□ 廃業又は清算結了 □ 休業	
その他（ ）		異動前の事項 / 異動後の事項

ここにチェックマークをつける

○給与支払事務所等について

	開設・異動前	異動後
（フリガナ）	タカハシ	
氏名又は名称	高橋デザイン	
住所又は所在地	〒162-0000 東京都新宿区揚場町○丁目○番地○号 電話（ 03 ） ○○ －○○	〒 電話（ ） －
（フリガナ）	タカハシ タロウ	
責任者氏名	高橋太郎	

従事員数　役員 1 人　従業員 1 人（ 人）（ 人）（ 人）計 人

（その他参考事項）

税理士署名押印 ㊞

※税務署処理欄	部門	決算期	業種番号	入力	名簿等	用紙交付	通信日付印	年月日	確認印

23　12改正　　　　　　　　　　　　　　　　　　　　　　（源0301）

6 源泉所得税の納付を年2回にする届出

↙ 毎月納税する手間がはぶける便利な制度がある

従業員の給与や、税理士など外部の個人事業者に支払う費用（報酬）は、事業主が源泉徴収してから支払います。そして、預かった源泉所得税は、事業主が毎月、納税しなくてはなりません。その場合、税を納付する期限は、原則として源泉徴収した月の翌月10日となっています。

ただし、**源泉所得税の納期の特例の承認に関する申請書**を税務署に提出すれば、**納付は年2回で済みます**。つまり、1月から6月までに源泉徴収した分を7月10日までに納め、7月から12月までの分を翌年の1月20日までに納めればOKになります。

この書類の提出期限はとくに定まっていませんが、**提出した翌月から制度が適用される**ことになります。たとえば、4月20日に提出したら、4月に支払った給料などの源泉税は5月10日までに納付し、5月と6月分は7月10に納付することになります。

なお、この「源泉所得税の納期の特例の承認に関する申請書」は、個人事業だけでなく、会社の場合でも同じ様式の届出書を所轄の税務署に提出することができます。

→ 源泉所得税の納期の特例の承認に関する申請書

源泉所得税の納期の特例の承認に関する申請書

※整理番号

税務署受付印

(フリガナ)	タカハシ
氏名又は名称	高橋デザイン
住所又は本店の所在地	〒162-0000 東京都新宿区揚場町○丁目○番地○号 電話　03 － ○○ － ○○
(フリガナ)	タカハシ タロウ
代表者氏名	高橋太郎　㊞

平成　○年　○月　○日

○○○税務署長殿

次の給与支払事務所等につき、所得税法第216条の規定による源泉所得税の納期の特例についての承認を申請します。

給与支払事務所等に関する事項	給与支払事務所等の所在地 ※ 申請者の住所（居所）又は本店（主たる事務所）の所在地と給与支払事務所等の所在地とが異なる場合に記載してください。	〒 電話　－　－		
	申請の日前6か月間の各月末の給与の支払を受ける者の人員及び各月の支給金額 〔外書は、臨時雇用者に係るもの〕 **6カ月未満のときは記入しなくてよい**	月 区 分	支給人員	支給額
		年　月	外　　　　人	外　　　　円
		年　月	外　　　　人	外　　　　円
		年　月	外　　　　人	外　　　　円
		年　月	外　　　　人	外　　　　円
		年　月	外　　　　人	外　　　　円
		年　月	外　　　　人	外　　　　円
	1　現に国税の滞納があり又は最近において著しい納付遅延の事実がある場合で、それがやむを得ない理由によるものであるときは、その理由の詳細 2　申請の日前1年以内に納期の特例の承認を取り消されたことがある場合には、その年月日			

税理士署名押印　　　　　　　　　　　　　　　㊞

※税務署処理欄　／　部門　／　決算期　／　業種番号　／　入力　／　名簿　／　通信日付印　／　年月日　／　確認印

24.06改正　　　　　　　　　　　　　　　　　　（源1401－1）

コラム 事業が大きくなったら「法人成り」する

個人事業にするか、それとも会社を設立するかの判断は、悩ましいところでしょう。それぞれのメリットとデメリットは62ページで解説したとおりですが、始めのうちは商いの規模（事業の売上）が小さく、またお金をかけずに起業したいのであれば、ひとまず個人事業から始めてみるのもよいでしょう。

そして、事業が軌道に乗り、売上が大きくなったら、改めて会社設立を検討しましょう。個人事業から事業を引き継いで会社を設立することを「法人成り」といいます。

法人成りするかどうかの一番のポイントは、税金面でのメリットです。180ページで解説しますが、事業所得が大きくなるほど、法人のほうが節税効果は高くなります。また、

金融機関や取引先などからの信用の面でも、法人が有利です。従業員を雇う場合も、法人のほうが人を集めやすいものです。

法人成りをする場合は、まず個人事業をやめる手続きが必要です。国税については「個人事業の開業・廃業等届出書」を税務署に、地方税については「事業開始等申告書（個人用）」を都道府県税事務所、市町村役場に届け出ます。また消費税の課税事業者なら「事業廃止届出書」も税務署に提出します。さらに、個人事業で青色申告をしていた場合は「所得税の青色申告の取りやめ届出書」を、家族など従業員に給与を支払っていた場合は「給与支払事務所等の廃止届出書」を税務署へ提出する必要があります。

第6章 株式会社はこうしてつくる

Method of establishing a corporation

1 会社の種類にはどんなものがあるか?

信用度・税金対策・設立費用のメリットを比較検討する

現在の会社法では、これまであった有限会社がなくなり、新しく合同会社という制度ができました。したがって、これから設立できる会社は、①**株式会社**、②**合同会社**、③**合名会社**、④**合資会社**の4つの種類ということになります。

ちなみに、有限会社の設立はできなくなりましたが、平成18年4月までに設立されたものは、現在でも有限会社として存続できることになっています。

ところで、会社には法人税などがかかることになっていますが、その仕組みはどんな会社も基本的に同じであり、**会社の種類によって法人税などに有利・不利はありません。**

したがって、会社の設立にあたり、どの会社を選択するかは誰が会社を運営するのかか、使い勝手のよさなどを考慮して決定すべきことになります。

法人としての**信用**などが必要な場合は株式会社にするべきですが、**税金対策**のために会社組織にしたい場合は合同会社でもかまいません。合同会社のほうが設立費用が安く済みますし、設立の手続きも簡単です。

株式会社と合同会社の違い

	株式会社	合同会社
設立費用	最低25万円程度	最低11万円程度
定款の認証	必要	必要なし
設立手続き	比較的手間がかかる	比較的容易
信用度・認知度	信用されやすい	あまり知られていない
会社の責任	有限責任	有限責任
役員数	取締役1名でもよい	社員1名でもよい
資本金	1円以上	1円以上
意思決定	重要な意思決定は原則として株主総会の多数決により決める必要がある	株主総会のような機関で意思決定をするのではなく、出資者間の直接合意により決める
向いている業種	通販業のような不特定多数を相手にする業種、製造業などのように大きな資本が必要となる業種	飲食業、学習塾、コンサルタント業など、とくに会社形態であることが問われない業種

2 株式会社を設立する手順

個人事業と違って必要書類の作成など手間と時間がかかる

　株式会社をつくるときは、まず**会社の概要**を決めます。会社の名称や事業の目的など、会社に関わる重要なことです。そして、これらをもとに**定款を作成**します。定款とは、会社を運営していくうえでの基本ルールとなるものです。

　定款を作成したら公証役場に持参して、**公証人の認証**を受けます。認証を受けたら、会社で使う代表者印（会社の実印）や銀行印を早速用意しておきます（82ページ参照）。あとで設立登記の申請をする際に必要となります。

　次に、**出資金の払い込み**をします。出資金は**現金**でも、クルマや有価証券などの**現物**でもOKです。

　定款のほかに必要な登記申請書などの書類がそろったら、法務局へ行き、**会社の設立登記の申請**をします。書類に不備があったら修正して、**登記が完了すれば会社の誕生**です。

　設立後は、税務署や都道府県税事務所、市町村役場に会社を設立した旨の**届出書**などを提出するほか、**社会保険や労働保険の手続き**が必要となります。

第6章 株式会社はこうしてつくる

◯ 株式会社を設立するまでの流れ

会社に関わる重要事項を決める
会社の名称(商号)、本店所在地、事業の目的、出資額、役員に関すること、事業年度などを決める

定款を作成して公証人の認証を受ける
会社の基本ルールとなる定款を作成。公証役場へもちこみ、公証人に認証してもらう

出資金を払い込む
現金、現物で出資金を払い込み、その証明書を作成する

法務局で会社の設立登記を申請する
登記申請書をはじめとする必要書類を用意して、法務局に提出する

※出資金を払い込んだ日から2週間以内

会社設立

3 定款を作成して認証を受ける

☑ 定款は3部作成。不明な点は事前に公証役場に相談する

●定款の記載事項は会社設立後に変更すると面倒

会社を設立するまでには、さまざまな書類を作成・用意しなくてはなりませんが、一番手間がかかるのが**定款**です。定款は、会社名や本店所在地、事業の目的のほか、資本金、発行株式、役員などについて、**会社を運営するうえでの基本ルール**を決めたものです。

定款に記載する事項を、会社の設立後に変更する場合は、**変更登記の手続きが必要**になり、手間とお金がかかってしまいますから、十分に検討してから決定・作成しましょう。

記載する内容は左図のとおり、**絶対的記載事項、相対的記載事項、任意的記載事項**の3つに分けられます。このうち**絶対的記載事項**とは、**書きもれがあるとその定款自体が無効**になってしまうものです。これには商号、本店所在地、事業の目的、設立する際の出資額、発起人の氏名と住所、発行可能な株式の総数があります。

また、**相対的記載事項**は定款に記載することで初めて**法的な効力をもつ**もの。**任意的記載事項は自由に書いてよいもの**で、株主総会の決議でも決められますが、定款に記載すれ

第6章　株式会社はこうしてつくる

⇒ 定款に記載する3種類の内容

絶対的記載事項

⇒ 書きもれがあると定款が無効になる

- ○会社名（商号）　○本店所在地
- ○事業の目的
- ○設立する際の出資額（資本金額）
- ○発起人の氏名・住所
- ○発行可能な株式の総数

相対的記載事項

⇒ 定款に記載することで効力が生じる

- ○株式の譲渡制限に関すること
- ○公告の方法
- ○役員の任期
  など

任意的記載事項

⇒ 定款に記載しなくても株主総会の決議で決められる

- ○事業年度
- ○株主総会の運営に関すること
  など

ば法的な効力をもちます。

定款を作成するときは、通常、**A4サイズの用紙**に、パソコンを使って**横書き**します。あるいは、手書きでもOKですし、市販の様式を用いるやり方もあります。何枚かにわたるので、製本テープなどで**綴じておくとよいでしょう**。公証役場への提出用、登記時の提出用、自社の控え用の**3部を作成**します。

●定款のほかに4万円分の収入印紙と約5万円の手数料が必要

作成した定款（3部とも）は、**発起人の実印と印鑑証明書**、4万円分の**収入印紙**、公証人の手数料（約5万円）などといっしょに公証役場へ持参して、そこで**公証人の認証**を受けます。会社の本店所在地と同一の都道府県内であれば、どこの公証役場でもOKです。公証役場へは発起人全員が行かなくてはならず、もし行けない人がいるときは**代理人**をたてて**委任状**を用意し、提出します。

公証役場では**事前の相談**を受け付けているので、定款の内容などについて不明な点や心配なことがあれば問い合わせをして確認しましょう。

認証されると、「原本」と書かれた会社保管用の定款と、「謄本」と書かれた設立登記を申請する際に法務局へ提出する定款の2部を返してくれます。

146

第6章 株式会社はこうしてつくる

公証役場に持参するもの

定　款	3部必要。発起人全員の実印を押す
発起人全員の実印と印鑑証明書	印鑑証明書は発行から3カ月以内
4万円分の収入印紙	公証役場で定款に貼る
公証人の手数料	手数料は5万円。そのほかに謄本の交付手数料が数千円かかる
委任状	公証役場に行けない発起人がいる場合
代理人の身分証明書と印鑑	印鑑は認め印でよい

※発起人が会社の場合は、会社の登記事項証明書が必要
※発起人が未成年の場合は、本文の戸籍謄本と親権者などの同意書、印鑑証明書が必要
　（定款に記名・押印があれば必要ない）

4 会社に出資する

☑ 現金でも現物でもOK。現物出資は評価額を500万円以内にする

定款の認証を受けたら、次に**出資金**（会社の資本金となる）を払い込みます。出資金は現金でも、不動産や有価証券などの**現物**でもかまいません。ただし、いずれの場合も出資金が**確実に払い込まれたことが確認できる**ように手続きしなくてはなりません。

まず**現金**で払い込む場合は、会社の発起人名義の銀行口座を1つ用意して、そこへ出資する発起人全員がそれぞれの出資金を振り込みます。そして全額の振り込みが確認できる**預金通帳のページをコピー**するとともに、**出資金の払い込みを証する書面**を作成します。

一方、**現物出資**がある場合は、その財産を出資する発起人から会社へ**確実に引き渡さなくてはなりません**。その際に、発起人は**財産引継書**を作成します。引き渡し後は、会社の取締役と監査役が調査を行い、**調査報告書**をつくります。

ただし、これは現物財産の評価額が500万円以下の場合です。それ以上の評価額になる場合は、**裁判所に検査役の調査を依頼**しなくてはならず、時間と費用がかかります。

出資金の払い込みを終えたら、その日から**2週間以内**に会社の設立登記を申請します。

出資金の払い込みを証する書面（例）

払い込みがあったことを証する書面

　当会社の設立により発行する株式につき、次のとおり払込金額全額の払い込みがあったことを証明します。

　　払い込みがあった金額の総額　　　金〇〇円
　　払い込みがあった株数　　　　　　〇〇株
　　1株の払込金額　　　　　　　　　金〇〇円

　平成〇年〇月〇日
　　（本店）　東京都〇〇区〇〇　〇丁目〇番〇号
　　（商号）　〇〇〇〇〇〇株式会社
　　　　　　　設立時代表取締役　〇〇〇〇 ㊞（会社実印）

現物出資で検査役の調査が不要なケース

現物出資する財産の合計が500万円以下の場合

現物出資する財産が市場価格がある有価証券である場合

現物出資の価格を弁護士や公認会計士などから証明を受けた場合

※不動産の場合は、不動産鑑定士の評価が必要

5 会社の設立登記を申請する

↙ 審査で申請書類に不備が見つかった場合は補正が必要となる

法務局に会社の設立登記を申請する際には、認証を受けた定款のほかに、①登記申請書と登録免許税納付用台紙、②別紙（OCR用紙）、③会社の実印を届け出る印鑑届書、④その他の添付書類が必要になります。このうち別紙のOCR用紙（光学的に文字を読み取る装置にかける専用の用紙）には登記する事項を書き込みます。また、その他の添付書類とは、たとえば現物出資したときの調査報告書や財産引継書、取締役会をつくったときの設立時代表取締役選定書などです。

すべての必要書類がそろったら、いよいよ設立登記です。本店所在地を管轄する法務局へ行き、登記受付窓口（商業登記）に書類を提出します。申請書類は法務局で審査され、もし不備があった場合は書類の訂正をしなくてはなりません（補正という）。訂正は担当者の指示どおり行えば大丈夫です。審査が問題なく完了するか、補正を終えれば登記完了です。なお、設立登記を申請した日が会社設立日となるので、設立日を特定の日にしたい場合は、申請する日にあわせて早めに準備を進めましょう。

第6章 株式会社はこうしてつくる

→ 設立登記の申請に必要な書類

- 認証を受けた定款（1部）
- 登記申請書と登録免許税納付用台紙
- 別紙（OCR用紙）
- 印鑑届書（会社の実印を届け出る）
- その他の添付書類

●その他の添付書類

取締役の印鑑証明書	取締役全員分。取締役会がある場合は代表取締役のみ必要
払い込みがあったことを証する書面	現金出資した場合
調査報告書	現物出資した場合
財産引継書	現物出資した場合
資本金の額の計上に関する証明書	現物出資をした場合で、資本金準備金がある場合
設立時代表取締役選定書	取締役会をつくる場合
役員の就任承諾書	代表取締役、取締役、監査役について発起人以外の人が就任する場合
発起人決定書	定款で本店所在地の詳細な住所を記載しなかった場合

6 税務署に届出をする

☑ 書類ごとに提出期限が異なるので注意する

　会社を設立したら、速やかに諸官庁へ必要な書類を届け出なくてはなりません。

　その1つが**税務署**への届出です。これには、**法人設立届出書**（都道府県税事務所と市町村役場にも提出が必要）や給与支払事務所等の開設届出書など、**必ず提出しなくてはならないもの**と、**青色申告の承認申請書**など、**提出することにより税金面でメリットを受けられるもの**があります。とくに消費税に関する書類は、これからの事業の内容や成果にも関わってくるので、どの書類を提出するかは慎重に検討しましょう。

　これらの書類は、**税務署の窓口**で会社設立時に必要な書類をお願いすれば、セットで渡してくれます。記入もれがないように注意して、早めに作成し、提出しましょう。届出書は、それぞれ**提出期限がまちまち**なので、提出忘れがないように注意してください。

　書類は税務署に直接持参するか、郵送でもOKです。郵送の場合は、**税務署に書類が到着した日が提出日**とみなされるものもあるので注意しましょう。書類は簡易書留で送れば安心です。

第6章 株式会社はこうしてつくる

→ 税務署に届け出る書類と提出の期限

届け出る書類	注意点	提出する期限
法人設立届出書	地方自治体にも提出が必要	会社設立の日から2カ月以内。地方自治体へは設立後2週間～1カ月以内
給与支払事務所等の開設届出書	社長1人の会社でも役員報酬が発生する	最初の給与を支払ってから1カ月以内
青色申告の承認申請書	青色申告を選ぶことで白色申告にはないメリットを得られる	設立日から3カ月経過した日か、1期目の事業年度が終了する日の、どちらか早いほうの前日
棚卸資産の評価方法の届出書	最終仕入原価法以外を選ぶときに提出	1期目の事業年度の確定申告の提出期限日
減価償却資産の償却方法の届出書	定率法以外を選ぶときに提出	1期目の事業年度の確定申告の提出期限日
源泉所得税の納期の特例の承認に関する申請書	従業員が10名未満の場合、源泉所得税の納付を年2回にできる	適用を受ける月の前月
消費税の新設法人に該当する旨の届出書	設立時の資本金が1,000万円以上の場合に提出。法人設立届出書で代用可能	設立後、速やかに提出
消費税簡易課税制度選択届出書	資本金が1,000万円以上で簡易課税方式のほうが有利な場合に提出	1期目の事業年度が終了する日
消費税課税事業者選択届出書	免税事業者だが消費税の還付を受けたいときに提出	1期目の事業年度が終了する日

コラム 設立登記の申請書類は慎重につくろう

法務局で会社設立の登記を完了して、初めて会社が誕生します。この登記申請は、必要な書類を正しい内容で提出しなければ認められませんので、準備は慎重に行いましょう。

登記の申請は、出資金の払い込みを終えてから2週間以内に管轄の法務局で行います。

法務局は土日と祝日、年末年始を除く朝8時30分から夕方5時15分まで登記の申請を受け付けています。法務局へ行ったら、申請書類を商業登記の受付窓口に提出します。その際に、受付番号と登記の完了予定日を確認しておきます。登記の完了予定日は、たいてい窓口の近くに表示されています。

提出した書類は法務局で審査されます。このとき、内容に不備があった場合は修正が求められます。これを「補正」といいます。補正は、たとえば書面に記載した漢字が間違っていたり、捺印した印鑑の一部が不鮮明だった場合などでも指摘されますから、提出書類は間違いがないようによく確かめて作成しましょう。

補正があったときは、事前に法務局から電話で連絡がある場合もありますが、連絡がなかった場合でも、登記の完了予定日に法務局へ行く前に、こちらから電話をして（その際には先に聞いておいた受付番号を伝える）補正の有無を確認しておきましょう。

ただ、補正の内容は法務局から具体的に説明されるので、大きな誤りでなければその指示にしたがって修正を行えばOKです。

第7章 従業員を雇うときの実務

Practice of employment

1 従業員の募集の仕方は？

募集方法や掲載媒体は、求める人材の内容をよく考えて決める

事業が軌道に乗り、仕事が増えてくると、人手が足りなくなってきます。あるいは、業務内容によっては、開業当初から従業員を雇わなくては仕事が回らないケースもあります。

人を雇えば、その**人件費は大きな固定費**となり、**毎月の出費**になります。人材を求めるときは、その費用に見あうように、**慎重に選ぶ必要があります**。

また、求人するのにも、コストがかかるものです。費用をできるだけ抑えるには、親戚や知り合いなどからの縁故採用や、ホームページやブログなどでの募集告知、あるいはハローワーク経由で応募を待つなどの方法があります。費用をかけられるのなら、新聞の求人欄や求人情報誌、インターネット上の求人サイトなどに掲載してもよいでしょう。

注意するべきポイントは、**求める人材と、募集を掲載する媒体の特性（メリット・デメリット）をよく考えあわせる**ことです。

また、募集にあたっては、**賃金や就業時間などの労働条件は明確に提示する**ようにしましょう。労働条件については次項で説明します。

第7章 従業員を雇うときの実務

従業員の募集方法ごとのメリット・デメリット

メリット		デメリット
身元が確かで、安心して雇える	縁故、知り合い	トラブルが生じたときに、解雇しにくい
事業に興味や関心をもつ人材が集まりやすい	ホームページ、ブログ	応募の段階で、身元がはっきりしない
専門の技能がある人を探しやすい	ハローワーク	ハローワークを利用する一部の人にしか告知できない
専門の技能がある人を広く集められる	新聞の求人欄、求人情報誌・サイト	応募数が集まりすぎると、連絡・審査・面接が大変

募集広告に掲載する労働条件

- □ 仕事内容
- □ 資格・能力(普通免許の所持、PC操作の経験・技能など)
- □ 雇用形態(アルバイト、パート、契約社員、正社員など)
- □ 賃金(基本給、時給、賞与の有無)と支払い方法
- □ 休日・休暇、有給の有無
- □ 社会保険(健康保険、厚生年金)、労働保険
- □ 交通費の支給額
- □ 勤務地
- □ 試用期間・雇用期間

2 従業員を採用するときは？

労働条件を周知させてトラブルを未然に防ぐ

従業員を採用するときは、作業の具体的な内容を伝えるのはもちろんですが、同時に**労働条件を周知させておく必要があります**。採用する前に労働条件を伝えておき、話が違うので辞めるといったトラブルがないようにしましょう。

まず、**給料**についてです。基本給は月額いくらか、パートであれば時給はいくらなのかを、従業員と合意しておく必要があります。

次に、**就業時間と休憩時間、休日**についてです。ちなみに、**1日の法定労働時間は8時間**とされています。また、給料の締日は何日で、支給（給料日）は何日なのかも、説明しておきましょう。

労働条件は口頭で説明してから、左図のような**雇入通知書**を渡しておくとよいでしょう。

また、従業員には**給与所得者の扶養控除等申告書**（給与所得者が配偶者控除や扶養控除、障害者控除などの控除を受けるための申告書）用紙を渡し、これに記入して提出してもらいましょう。これがないと給与計算をするときに源泉徴収税額が確定しません。

第7章 従業員を雇うときの実務

従業員採用時に作成する雇入通知書（例）

雇入通知書

フリガナ	マルヤマ　マルコ		性別	男・㊛	生年月日	1970年　1月　3日生
氏名	○山○子					
フリガナ	トウキョウト　セタガヤク					
現住所	〒○○○-○○○○　東京都世田谷区○○ ○-○-○　Tel. 03-○○○○-○○○○					

入社日　平成24年　11月1日

契約事項

雇用期間	期間の定めなし 又は 自　平成24年11月11日 至　平成27年11月11日	賃金	基本給 月給・日給・時給	200,000円
仕事の内容	経理作業 書類の整理		通勤手当	1,5000円
			手当	円
就業の場所	東京都○○区○○ 1-1-1 （ただし、配置転換の可能性有り）		手当	円
就業の時間	自　午前9時00分 至　午後18時00分 うち休憩時間　60分		手当	円
			手当	円
休日	土日・祝日 （ただし、業務の都合により振替休日の可能性あり、また月により変動する場合あり）		合計	215,000円
			締切及支払日	毎月　末日締切 毎月　10日支払
有給休暇	労働基準法の定めによる		支払い時の控除	法令費目及び労使協定で定められた費用
賃金改定	なし・㋐㋷ （3月）			
賞与	なし・㋐㋷ （7、12月）			
退職に関する事項	自己都合退職の場合は14日前までに届け出ること			

その他	

平成24年　11月1日　　　　　　　　　　　　　　　　　使用者：○○○株式会社

○田○男　[株式会社印]

3 労働保険に加入するには？

従業員を雇ったら雇用保険と労災保険の手続きをする

●人を雇ったら速やかに「労働保険」に加入する

従業員を雇い入れたら、個人事業か会社かを問わず、事業者の責任として労働保険に必ず加入しなくてはなりません。労働保険とは、**労働者災害補償保険（労災保険）と雇用保険**の総称です。この労働保険には社長をはじめ会社の役員は原則的に加入できません。社長1人だけの会社なら、加入の意思がなければ手続きはいりません。

労災保険は、仕事中や通勤途中に事故や災害に遭ってケガや病気、死亡した場合の補償制度です。労働者が正社員ではなく、**パートやアルバイトであっても加入する義務があります**。**保険料は全額、事業者が負担します**。保険料率は業種によって異なり、危険度の高い建設業や林業などは高く、危険の少ない一般的な業種は低く設定されています。

加入の手続きは、まず管轄の**労働基準監督署**に、①**労働保険の保険関係成立届**と②**概算・増加概算・確定保険料申告書**を提出します。その際は、会社の登記事項証明書（登記簿謄本。コピーでも可）などを添付します。①の提出期限は従業員を雇ってから10日以内に、②は

第7章　従業員を雇うときの実務

⇒ 労災保険が適用される社員

原則として
会社の役員、事業主と同居する親族を除く
すべての従業員に適用される

- 正社員
- パート・アルバイト
- 契約社員
- 外国籍の従業員

⇒ 雇用保険の被保険者となる2つの条件

① 31日以上の雇用見込みがある

② 1週間の所定労働時間が20時間以上である

> **注意**
> 〈被保険者とならない人〉
> ・65歳の誕生日の前日以降に入社した人
> ・昼間学生（全日制に通う学生）
> ・会社の役員
> ・事業主と同居する親族

が終わったことになります。

同じく50日以内です。書類の提出と保険料の納付が完了すれば、これで労災保険の手続き

● 「雇用保険」にも必ず加入する

雇用保険は、従業員が失業したときの再就職支援などを目的としています。従業員が離職したときに、勤務年数などに応じて保険金が支払われるものです。こちらも正社員だけでなく、一定の要件を満たすパートやアルバイトがいれば加入しなければなりません。

雇用保険料は事業者と従業員が一定の割合で負担して支払います。負担する割合は、業種によって異なります。従業員の負担分は給与から差し引き、事業者の分とあわせて事業者が納めます。

加入の手続きは、ハローワークで行います。提出する書類は①雇用保険適用事業所設置届、②雇用保険被保険者資格取得届、および必要な添付書類です。

①の提出期限は従業員を雇ってから10日以内、②は同じく翌月の10日までです。

なお、雇用保険の被保険者となるには、①31日以上の雇用見込みがあること、②1週間の所定労働時間が20時間以上であることの2つの条件を満たす必要があります。

第7章 従業員を雇うときの実務

労働保険の加入に必要な届出書と保険料

労災保険

届出先
労働基準監督署

労働保険番号をもらう

◎労働保険保険関係成立届
（雇用から10日以内に提出）

◎労働保険概算保険料申告書
（雇用から50日以内に提出）

保険料 → **全額会社負担**

全労働者の賃金総額（1年分の見込み額）
×
労災保険料率（事業の種類によって異なる）

雇用保険

届出先
ハローワーク

雇用保険の事業所番号をもらう

◎雇用保険適用事業所設置届
（雇用から10日以内に提出）

◎雇用保険被保険者資格取得届
（雇用した翌月の10日までに提出）

保険料 → **事業者8.5/1000・労働者5/1000分担**

全労働者の賃金総額（1年分の見込み額・64歳以下）
×
雇用保険料率（一般 13.5/1000）

4 社会保険に加入するには？

☑ 窓口は年金事務所。法人は原則加入しなければならない

個人事業は5人以上の従業員がいる場合、法人は社長1人だけの会社でも、原則として社会保険への加入が義務づけられています。社会保険とは健康保険、介護保険、厚生年金保険の総称です。

社会保険への加入の申請は、事業所を管轄する年金事務所で行います。提出が必要な書類には、①健康保険・厚生年金保険新規適用届、②健康保険・厚生年金保険被保険者資格取得届、③健康保険被扶養者届（被扶養家族がいる場合）があります。また、保険料を銀行口座からの自動引き落としを希望する場合は、健康保険・厚生年金保険保険料口座振替納付申出書も提出しておきます。ただし、提出する書類や添付する書類は、年金事務所や自社の状況によって変わってくるので、事前に年金事務所に確認するようにしてください。

提出期限は**会社の設立日（役員の報酬が発生した日）**から5日以内です。

なお、社会保険料は**会社と従業員が折半**して支払います。開業したばかりの小さな会社には負担ですが、健康保険と厚生年金の加入は義務とされています。

第7章 従業員を雇うときの実務

→ 社会保険に加入する手続き

書類の提出先

管轄する年金事務所

提出する書類

◎健康保険・厚生年金保険
　新規適用届

◎健康保険・厚生年金保険
　被保険者資格取得届

◎健康保険被扶養者届
　（被扶養家族がいる場合）

◎健康保険・厚生年金保険
　保険料口座振替納付申出書
　（銀行口座からの保険料自動引き落としをする場合）

おもな添付書類
※年金事務所に事前確認が必要

- 会社の登記事項証明書（登記簿謄本）
- 定款のコピー
- 賃貸借契約書のコピー
　（実際の住所が登記と異なる場合）
- 就業規則、賃金規程のコピー
　（設置している場合）
- 出勤簿（タイムカードのコピーでも可）
- 従業員の名簿　・賃金台帳

書類提出の期限

会社の設立日（役員の報酬が発生した日）から5日以内

5 給与計算はどうやる？

毎月の給与支払いはルーチンワークとしてとどこおりなく行う

●従業員の給料から所得税を源泉徴収する

従業員を雇ったら、**毎月の給与を正しく計算して**、決まった期日に支払います。給与計算をするためには、事前に**給与計算の期間**と**支給日（給料日）**を決めておく必要があります。よくあるのは21日から翌月20日までの分（これが給与計算の期間）を25日に支給するというパターンです。

しかし、これだと3、4日のうちに給与計算をしなければなりませんので、スケジュールがタイトになります。また、25日は銀行が混雑していて何かと不便です。そこで、たとえば、月末締めで翌月10日支給などとすれば、事務手続きがやりやすくなります。

なお、従業員の給料から**天引きした所得税**は、事業者が代わって国に税金を納める義務を負います。これを**源泉徴収**といい、徴収した所得税は原則、**給与を支払った日の翌月10日**までに税務署に納めなくてはなりません。

→毎月の給与計算の流れ

① 労働時間を集計する

タイムカードや勤務表から、月の総労働時間を計算する

② 課税支給額を計算する

基本給+時間外労働の手当=課税支給額を計算する

③ 通勤手当を計算する

通勤にかかる費用(切符代・定期代など)を計算する

④ 雇用保険料、社会保険料などを計算する

②+③の金額から、雇用保険料、社会保険料などを算出する*

⑤ 源泉所得税を計算する

課税支給額(②)から、④の雇用保険料と社会保険料を引く

源泉徴収税額表でその額に当てはまる税額を選び、記入する

⑥ 控除額を差し引く

地方税などを差し引いて支給額を計算する

*通勤手当は一定額まで非課税となるため課税支給額に含まれない。
ただし雇用保険料の計算では課税支給額+通勤手当が基準となる

● 給与計算の計算方法

源泉徴収の計算方法を説明します。まず給与の締日になったら、タイムカードや勤務表から出勤日数や勤務時間を集計し、**支給額**を求めます。基本給のほかに、残業代や諸手当がある場合は加算し、遅刻や早退、欠勤をした場合には減算をします。

次に、**控除する金額**を求めます。控除の対象となるのは雇用保険料、健康保険料、厚生年金保険料などです。雇用保険料は、支給額に従業員が負担する保険料率を乗じた額となります。健康保険料と厚生年金保険料は、各保険料額表の標準報酬に当てはめれば簡単に金額を求めることができます。（左図内＊1〜3参照）

さらに、支給額から保険料控除後の金額を**源泉徴収税額表**に当てはめ、所得税を算出します。そのほか、住民税や社宅代がある場合はこれらを差し引きます。最初の支給額から、支給控除を差し引いて手取り支給額を計算します。

給与計算は、**給与明細書**に記入しながら行います。給与明細書は市販されているものを使ってもいいですし、計算ソフトを用いて作成したものでもかまいません。明細書は給与支払日に従業員に手渡します。給与は、現金で支給するか、銀行振り込みにするかは、あらかじめ決めておきましょう。

第7章 従業員を雇うときの実務

給与明細書の作成例

```
                                    △△商店

             平成○年○月分　給与明細書

                              ○○○○　殿
```

労働期間	自7月21日 至8月20日
労働日数	22日
労働時間	167時間
残業時間	7時間
支給額	基本給	200,000
	時間外手当	7,000
	課税支給額	207,000
	通勤手当	10,000
	合計	217,000
支給控除	雇用保険料[*1]	1,085
	健康保険料[*2]	16,400
	厚生年金保険料[*3]	30,700
	所得税[*4]	3,200
	住民税[*5]	5,000
	合計	56,385
差引支給額		160,615

*1　厚生労働省のHP（http://www.mhlw.go.jp/）にある「雇用保険料率表」参照
*2　全国健康保険協会のHP（http://www.kyoukaikenpo.or.jp/）にある「都道府県ごとの保険料率」参照
*3　日本年金機構のHP（http://www.nenkin.go.jp/）の「厚生年金保険料額表」参照
*4　源泉徴収税額表は国税庁のホームページで確認できる
*5　住民税は各自治体の税率に従う

6 年末調整と源泉徴収票の作成は？

年末調整で所得税を確定し、給与支払報告書を提出する

年間の給与総額が決まったら、正しい所得税額を算出し、多く徴収していたら還付し、不足分は徴収します。この手続きを年末調整といいます。毎年秋頃になると、国税庁から「年末調整のしかた」という資料が送られてきますので参考にするとよいでしょう。

年末調整に向けて、従業員に**給与所得者の扶養控除等申告書**、**給与所得者の保険料控除申告書兼配偶者特別控除申告書**に記入してもらい、生命保険料控除証明書、地震保険料控除証明書などの必要な資料を提出してもらいます。これらの資料にもとづいて正しい所得税額を算出し、これまでに源泉徴収してきた額のほうが多ければその分を還付し、少なければその分を追加徴収して過不足を精算することになります。

年末調整が終わったら、**源泉徴収票**を作成します。源泉徴収票は3枚（または4枚）綴りになっていて、1枚は従業員に渡します。2枚ある「市区町村提出用」と書かれたものは、従業員の住所のある役所に提出をします。これを**給与支払報告書**といい、合計人数などを記載した統括表をいっしょに提出します。

源泉徴収票の作成例

平成24年分 給与所得の源泉徴収票

支払を受ける者	住所又は居所	東京都千代田区霞が関X-X			氏名	(受給者番号) (フリガナ) ソウム タロウ (役職名) 総務 太郎		

種別	支払金額	給与所得控除後の金額	所得控除の額の合計額	源泉徴収税額
給料・賞与	内 3,600,000 円	2,340,000 円	1,394,156 円	内 47,200 円

控除対象配偶者の有無等	配偶者特別控除の額	控除対象扶養親族の数(配偶者を除く)				障害者の数(本人を除く)		社会保険料等の金額	生命保険料の控除額	地震保険料の控除額	住宅借入金等特別控除の額
有 無 従有		特定	老人	その他		特別					
○								492,156	100,000	42,000	

(摘要)住宅借入金等特別控除可能額　　　円　国民年金保険料等の金額　　　円
居住開始年月日
妻・花子

配偶者の合計所得	300,000 円
個人年金保険料の金額	120,000 円
旧長期損害保険料の金額	0 円

扶養親族	未成年者	外国人	死亡退職	災害者	乙欄	本人が障害者 特別 その他	寡婦 特別	寡夫	勤労学生	中途就・退職 就職 退職 年 月 日	受給者生年月日 明 大 昭 平 年 月 日
											○ 48 7 17

支払者	住所(居所)又は所在地	東京都新宿区揚場町2-18	
	氏名又は名称	○○○株式会社	(電話)03 (XXXX)XXXX

源泉徴収票（3枚綴り）

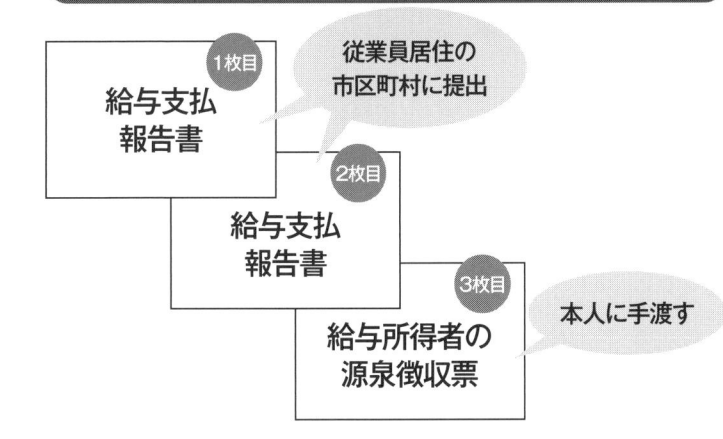

1枚目 給与支払報告書 → 従業員居住の市区町村に提出

2枚目 給与支払報告書

3枚目 給与所得者の源泉徴収票 → 本人に手渡す

コラム 労働基準法のあらましを知ろう

従業員を雇うことになったら、労働基準法（労基法）が定めるルールに従わなくてはなりません。ここで、労基法の大事なポイントをいくつか押さえておきましょう。

①労働時間や休日について

従業員の労働時間は、原則として1日8時間（休憩時間は除く）、1週40時間と決められています。ただし特例として10人未満の小売業や、飲食店などは、特例として1週44時間とされています。休憩時間は、6時間を超えるときは45分以上の休憩を、8時間を超えるときは1時間以上の休憩を与えなくてはなりません。

また休日は、1週1日以上、あるいは4週のうちで4日以上の休日を与えます。

②有給休暇について

正社員とパート・アルバイト従業員とで違いがあるので注意しましょう。まず正社員は、雇用したときから6カ月が経過したら、10日の有給休暇を付与します（全労働日の8割以上出勤した場合）。その後、1年経過するごとに所定の日数に増えていきます。

また、パート・アルバイトについては、週30時間以上就労する場合は正社員と同じ日数の有給休暇を与えなくてはなりません。そのほかの場合は、1週間の所定労働日数や1年間の所定労働日数、勤続年数などにより付与する日数が定められています。

さらに、常時10人以上の従業員が働くようになったら、就業規則を設けて、所轄の労働基準監督署に届け出る必要があります。

第8章 経理のやり方と節税ポイント

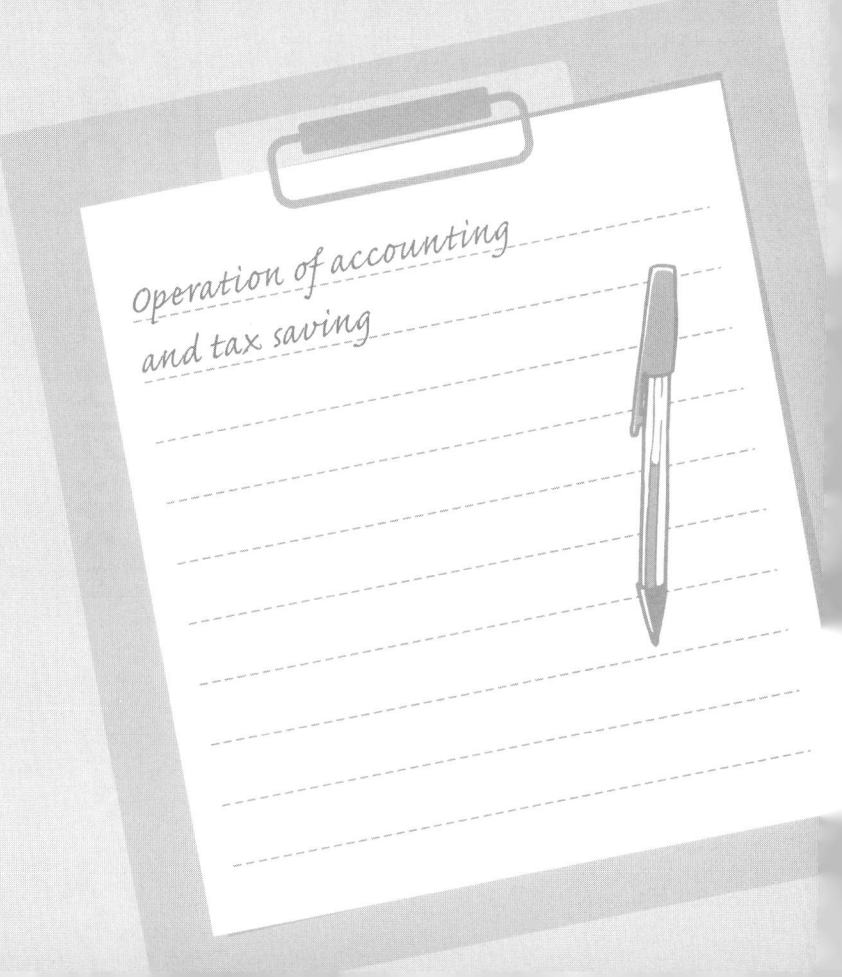

Operation of accounting and tax saving

1 領収書や請求書の整理の仕方は？

☑ 必要なときにすぐ取り出せるように整理しておく

事業がスタートする前から、店舗や事務所を借りたり、備品や消耗品の購入などで、請求書や領収書はたまっていきます。その管理が乱雑だと、事業に支障をきたす場合もありますから、すぐに探し出せるように日頃から整理整頓しておきましょう。

まず、領収書は**日付順**に並んでさえいれば、その保存方法は自由です。スクラップブックにステイプラーで止めても、ノートに糊で貼り付けてもかまいません。あるいはコピー用紙にメンディングテープで貼り付けて、ファイリングしておきます。

請求書を受け取ったら、**当月支払予定と翌月支払予定**に分けておくことをおすすめします。当月支払いが済んだものだけ**支払済ファイル**に移動し、翌月支払予定の請求書は**翌月支払予定のファイル**に移動させれば、支払いもれなどを生じて相手に迷惑をかけることはありません。

請求書は、先方に送るときに必ず控えを残し、**未入金ファイル**に保存し、入金の確認がとれたら**入金済ファイル**に入れることで売掛金の回収確認が明確になります。

経理処理に必要な書類

レシート 領収書	レシートや領収書がない場合は「出金伝票」を利用。この出金伝票が領収証の代わりになる。日付・金額・支払先・内容などを記入しておき、経費として認められるようにしておく
請求書	「当月支払予定」と「翌月支払予定」、「未入金ファイル」と「入金済ファイル」というように2分類で管理する
見積書	取引の詳細が記載されているので、会計ソフトに入力するには必ず見積書が必要になってくる。たとえば、車両を購入すれば本体価格のほかに自賠責保険や法定費用、リサイクル預託金などの内訳が明確になった見積書が出る。請求書や領収書といっしょにまとめておくと、探す手間がはぶける
納品書 注文書	これらはすべて取引書類の1つとなる。取引を行った証拠となるので、わかりやすく整理整頓しておく
契約書	事務所や店舗の賃貸契約書、金銭消費賃貸契約書、不動産売買契約書などは、契約の成立を証明する書類。あとでトラブルにならないようにきちんと管理する。経理処理にも必要となる
預金通帳	事業用と個人用の口座は2つに分けておく。また、こまめな記帳も心がける。記帳しないままでいると、明細が記帳されない金融機関もあり、明細を発行するのに手間がかかる。記帳された内容がわかるように、金額の横などにメモ書きを残しておくとよい
給与明細書	経理処理のほか、源泉所得税の納付や年末調整のために不可欠

2 毎日の経理はどうやる？

☑ 事業形態や申告方法ごとに経理の仕方が異なるので注意

●正しい経理を行うことで事業の本当の姿が見えてくる

毎日の経理は、経営の「羅針盤」です。日々の取引の記録、数字の管理をきちんと行って、初めて事業が本当に儲かっているかどうかを判断できます。この帳簿づけの作業内容は、130ページでふれたとおり、**白色申告**にするか、**青色申告**にするかで異なります。

経理とは、日々のお金の流れを帳簿につける（簿記）ことです。簿記の方法には**単式（簡易式）簿記**と**複式簿記**があり、単式簿記は小遣い帳や家計簿と同じく、入金と出金を記録していきます。一方、**複式簿記はもっと複雑**です。たとえば1つの出金について、出金という事実を記録すると同時に、何のために支払ったかも記録します。そうすることで、たとえば出ていくお金が多いときに、それは経費なのか、それとも仕入費や人件費なのかが明確になるのです。

個人事業の白色申告は、単式簿記でOKです。**青色申告は複式簿記**ですが、もう1つの方法として、単式簿記に預金や手形、債権債務などすべての取引を記録できる帳簿をプラ

→ 単式簿記と複式簿記の違い

単式（簡易式）簿記
・日々の取引をそのまま帳簿に記録する
・記帳は比較的ラク

複式簿記
・すべての取引を借方と貸方に分けて帳簿に記録する
・記帳には経理の専門知識が必要で、手間がかかる
・法人は複式簿記が義務づけられている

⬇ ⬇

青色申告を選択

⬇ ⬇

| 所得税
最大 **10万円**
の控除 | 所得税
最大 **65万円**
の控除 |

●複式簿記で必要な帳簿類

- ・仕訳帳
- ・現金出納帳
- ・売掛帳
- ・手形記入帳
- ・固定資産台帳
- ・総勘定元帳
- ・経費帳
- ・買掛帳
- ・債権債務帳

そして、損益計算書と貸借対照表という決算書を添付する方法でもOKです。**株式会社にした場合は、必ず複式簿記を採用しなければなりません。**法人格を有する以上、お金の流れをきちんと立証できる経理処理が求められるのです。

●会計ソフトを使えば複式簿記もカンタン

事業形態や申告方式によって、記帳の方法や帳簿が異なります。

個人事業の白色申告では、実際に預金や現金が動いたことだけを記録します。経費は売上から控除されますから、領収書などの証憑をとっておくことが必要です。出入金と経費の帳簿は必要でしょう。**個人事業の青色申告**の場合は、掛け（後払いの取引）が発生した時点で記録していきます。

株式会社の場合は複式簿記で、取引を貸方と借方に分けて記帳します。この分類や記帳を仕訳といいます。仕訳をするには一定のルールを覚えなくてはなりません。たとえば、資産増につながるのが借方、資産減になるのが貸方といったことです。多少の専門知識が必要ですが、市販の会計ソフトを使うと、自動的に仕訳をし、帳簿を選んでくれるので、簿記の知識がない人でも経理を進めることができます。

第8章 経理のやり方と節税ポイント

⇒ 事業形態や申告方法ごとに経理の仕方が異なる

取引の発生		
A 7月1日 ・○○会社へ1個500円の商品を20個売る ・代金の1万円は翌月末に現金で支払われる		**B** 8月31日 ・○○会社から7月1日に納入した商品代1万円を現金で受けとる

取引を記帳する		
①記帳しない	**個人事業の白色申告**	①現金出納帳の入金・売上欄に○○会社からの入金1万円を記帳
①売掛帳の「○○会社」欄に商品20点、1万円の売上を記帳	**個人事業の青色申告**（単式簿記の場合）	①現金出納帳の入金欄に○○会社からの入金1万円を記帳 ②売掛帳の「○○会社」欄に商品20点、1万円の入金を記帳
①仕訳帳の「借方」欄に売掛金1万円、「貸方」欄に売上1万円を記帳 ②売掛帳の「借方」欄に売掛金1万円を転記する ③総勘定元帳に転記する	**株式会社**（複式簿記）	①仕訳帳の「借方」欄に現金1万円、「貸方」欄に売掛金1万円を記帳 ②現金出納帳と売掛帳に転記する ③総勘定元帳に転記する

3 支払う税金はどうなっている?

売上が増えるほど株式会社のほうが税制面で有利になる

●税金は個人事業と株式会社とでは異なる

個人事業と株式会社とでは、かかってくる税金が異なります。

個人事業の場合、事業で得られた売上から**必要経費**を差し引いた残りが事業所得となり、この所得に対して**事業者個人の所得税や住民税**、一定の所得があると**事業税**が課されます。

一方、株式会社では、事業で得た売上は事業者個人のものではなく、**会社の売上**になります。そのため、事業者である社長は、売上の中から**役員給与**という名目で会社から一定の給料をもらいます。**会社には別途で法人税や法人住民税、法人事業税が課される**ことになります。事業者は、役員給与に対して**所得税や住民税を支払う**ことになります。

このほか、資本金の額や売上によっては**消費税**の納付が必要になることもあります。

●所得が多くなるにつれて株式会社が有利になる

個人事業は、個人として税が一本化されるのに対し、株式会社は社長個人と会社の両方

個人事業と株式会社にかかる税金の違い

個人事業にかかる税金

●事業主個人にかかる

- 所得税
- 住民税
- 事業税
- 消費税

株式会社にかかる税金

●会社にかかる

- 法人税
- 法人住民税
- 法人事業税
- 消費税

●事業主個人にかかる

- 所得税
- 住民税

に税金がかかってきます。これは一見すると、株式会社が損であるかのように思われますが、じつはそうではありません。

なぜなら、株式会社の社長個人の給与には、**給与所得控除**が認められるからです。この控除はサラリーマンに付与されるもので、サラリーマンにも給与収入のうちの一定割合を**必要経費**として認め、控除する制度です。

つまり、株式会社の場合、**事業運営にかかる経費は会社の売上から差し引くことができ、さらに社長の給与からも必要経費があったものとみなされて控除される**のです。

個人事業にするか、それとも会社をつくるかを検討する際に、税金面で大きな差がつくのが、この給与所得控除です。

さらに個人事業主は、所得が増えるにしたがって税金が高くなる**超過累進課税**になっています。たとえば、課税所得が1800万円を超えると40％もの税率になってしまいます。

一方、株式会社の場合は、800万円を超えた部分の法人税率は25・5％です（資本金1億円以下の場合）。

つまり、**所得が多くなるほど、個人事業よりも株式会社のほうが税制面で有利になる**のです。

第8章 経理のやり方と節税ポイント

所得税と法人税の税率比較

●個人事業の所得税率

課税所得	税率
195万円以下	5%
195万円超　330万円以下	10%
330万円超　695万円以下	20%
695万円超　900万円以下	23%
900万円超　1,800万円以下	33%
1,800万円超	40%

●株式会社の法人税率（資本金1億円以下の場合）

課税所得	税率
800万円以下の部分	15%
800万円超の部分	25.5%

●個人事業と法人の税金比較

利益金額	個人事業の場合の所得税額 *1	法人の場合の所得税額 *2
200万円	0万円	7万円
300万円	1.75万円	7万円
400万円	6.75万円	10.3万円
500万円	13.75万円	14.3万円
510万円	14.75万円	14.7万円
600万円	24.25万円	19.85万円
700万円	44.25万円	28.25万円
800万円	64.25万円	44.25万円

* 1　個人事業の場合の所得税額＝（利益金額－青色申告特別控除額65万円－所得控除額200万円）×所得税率－控除額
* 2　法人の場合の税額（合計税額）＝役員の所得税額＋法人税額（0円）＋法人住民税均等割額（7万円）

4 消費税はどうなるか？

原則として開業から2年間は消費税を納付する必要はない

モノを販売したり、サービスの提供を行った事業者（個人事業者および法人）は、**消費税を納付する義務**があります。もう少し正確にいうと、国内において課税資産の譲渡などを行った事業者が、原則として消費税を納めることになります。課税資産の譲渡とは、消費税の課税対象となる物品の販売や貸付け、サービスの提供をすることです。

ただし、**基準期間**の**課税売上高が1000万円以下**の事業者は、**消費税の納税義務が免除**されます。**基準期間**とは、個人事業者については前々年、法人についてはその事業年度の前々事業年度をいいます。また**課税売上高**とは、消費税が課税される取引の売上金額の合計額をいい、通常の小規模な事業では、売上高と課税売上高は一致します。

新しく事業を始めたときには基準期間がありませんので、2年間は消費税を納付する必要がないのです。

ただし、会社については、**資本金が1000万円以上**である場合などは、設立した年から消費税を納付しなければなりませんので注意してください。

いつから消費税を納付するのか?

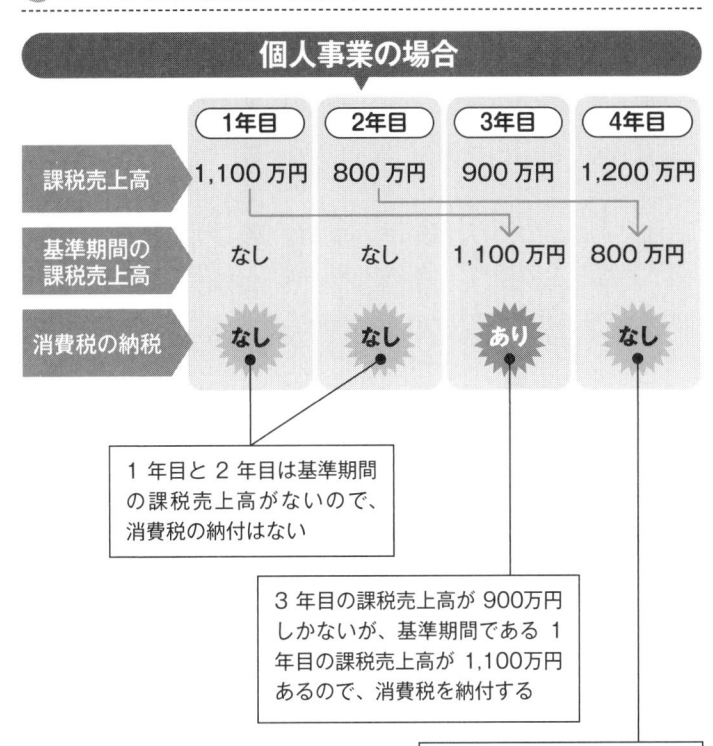

個人事業の場合

	1年目	2年目	3年目	4年目
課税売上高	1,100万円	800万円	900万円	1,200万円
基準期間の課税売上高	なし	なし	1,100万円	800万円
消費税の納税	なし	なし	あり	なし

1年目と2年目は基準期間の課税売上高がないので、消費税の納付はない

3年目の課税売上高が900万円しかないが、基準期間である1年目の課税売上高が1,100万円あるので、消費税を納付する

4年目の課税売上高は1,200万円あるが、基準期間である2年目の課税売上高が800万円なので消費税を納付する必要がない

5 確定申告の手続きはどうする？

個人事業は3月15日まで、会社は決算日から2カ月以内に申告する

事業を行う人は、その事業年度の収入や支出などのお金の記録を税務署に提出して、所得税を決定する**確定申告**を行わなければなりません。

個人事業の場合は、**12月31日が決算日**で、**翌年の3月15日までに申告**を行います。申告先は、**所轄の税務署**のみで、届出は一度で済みます。納税地である市町村には、税務署から提出されることになっています。消費税については3月31日までとなっています。

株式会社の場合は、**設立時に自分で決めた決算日**を定款に記載することになっています。

そして、確定申告（法人税と消費税の申告）は原則として**決算日から2カ月以内に申告**しなくてはなりません。申告先は**税務署**に加えて、都道府県の出張機関である**都道府県税事務所**、**市町村**にそれぞれ申告書類を提出します。

株式会社は申告資料の提出先が多いわりに、比較的、短期間で準備を進めなければならないので、決算日の決定は、1年のうちで仕事の手があくタイミングに定めるとよいでしょう。

第8章 経理のやり方と節税ポイント

→ 決算日から納税までの流れ

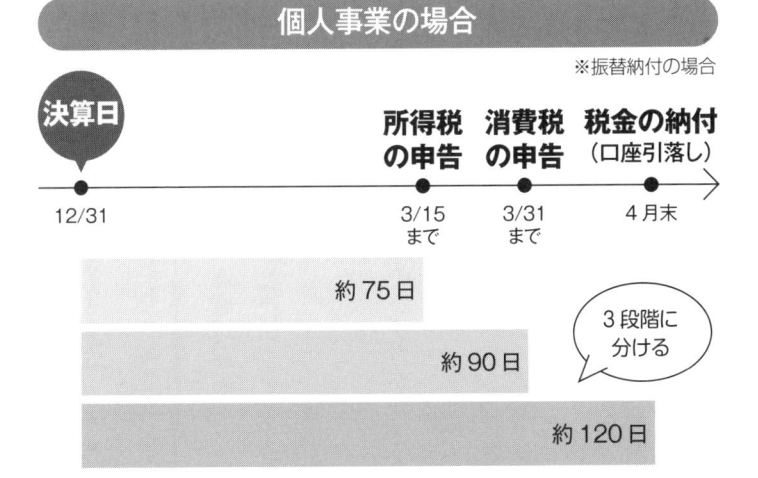

個人事業の場合

※振替納付の場合

決算日 12/31 → 所得税の申告 3/15まで → 消費税の申告 3/31まで → 税金の納付（口座引落し）4月末

- 約75日
- 約90日
- 約120日

（3段階に分ける）

株式会社の場合

※決算日を12月31日とした場合

決算日 12/31 → **法人税の申告と納税／消費税の申告と納税** 2/28まで

- 約60日

（一度に済ませる）

6 決算書を経営に生かすには？

↙ 損益計算書、貸借対照表から経営のヒントを読みとる

決算では、**損益計算書**と、**貸借対照表**という**決算書**を作成します（青色申告で65万円の控除を受ける場合）。**損益計算書**は、事業の収益とそれを得るためにかかった費用を明らかにして、純利益を算出するものです。**貸借対照表**は、年度末時点の資産、負債、資本の状況をあらわし、会社の財産状況を示すものです。これにより、資産がどのように運用されて、どのように調達されたのかがわかります。

これは事業の成績表のようなもので、**事業が本当にうまくいっているかどうかが、具体的な数字であらわされます**。金融機関が融資を検討する際にも、重要な判断材料となります。たとえば、損益計算書を見れば、収益とそれにかかった費用の割合がわかるので、実際の利益が明らかになるのです。

これらの決算書は、**経営のヒント**にもなります。じっくり読み解けば、事業の現状、強みと弱みが見えてきますから、**経営判断の資料**としても活用したいものです。

第8章 経理のやり方と節税ポイント

→ 損益計算書と貸借対照表から事業の現状がわかる

損益計算書

費用	収益
利益	

↓

事業の収益（損益）をあらわす

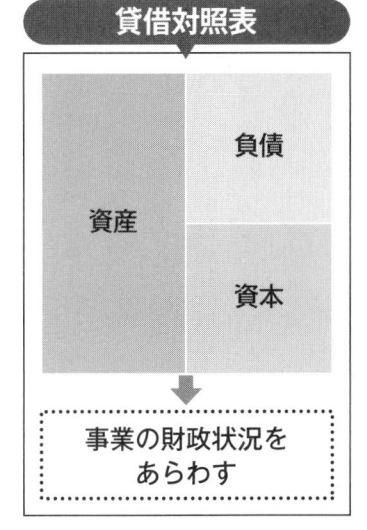

貸借対照表

資産	負債
	資本

↓

事業の財政状況をあらわす

両方を見ることで経営状況がわかる

⇩

本当に事業がうまくいっているかの判断材料

7 個人事業の節税のポイントは？

青色申告の特典を生かすことが節税の基本

個人事業の節税の基本は**青色申告**の特典をフルに生かすことです。そのためには**所得税の青色申告承認申請書**を期限内に税務署へ提出しておきましょう（事業開始の日から2カ月以内）。期限を過ぎてしまうと、その年には青色申告ができません。

青色申告の最大の特典は**65万円の特別控除**です。この金額は、仕入を除いた個人事業の必要経費の中では、給料と地代家賃に次いで大きな金額になるのが一般的です。自宅で1人で開業した場合には、もっとも大きな経費になるかもしれません。65万円の特別控除は**複式簿記**による記帳が必要ですが、ぜひとも受けておきたいところです。

青色申告のもう1つの大きな特典は、家族従業員に給料を支払った場合、それが**青色事業専従者給与**として**必要経費になる**ことです。白色申告では、専従者控除として最大で86万円（配偶者の場合）、または50万円（配偶者以外の親族の場合）が必要経費になるだけですが、青色申告では家族従業員に支払った給料が妥当な金額であれば、その全額が必要経費になるのです。

第8章 経理のやり方と節税ポイント

⇒ 青色申告と白色申告の違い

青色申告		白色申告
帳簿の難易度によって10万円または65万円を控除	特別控除	なし
支払い金額をすべて必要経費にできる（親族や家族の場合）	専従者給与	制限あり（配偶者は86万円、親族は50万円まで）
必要経費として認められる	貸倒引当金	認められない
翌年以降3年間にわたり、繰越できる	損失の繰越	災害による損失などに限定される
前年分の所得に対する税金から還付を受けられる	損失の繰戻還付	適用なし
追徴課税は、税務署が根拠を明らかにしないかぎりできない	推計課税	税務署が一方的に追徴課税できる
前々年の所得が300万円以下なら適用あり	現金主義	適用なし
異議申立てか直接審査請求ができる	不服の申立て	できない

8 株式会社の節税のポイントは？

↙ 役員給与を上手にとることが節税の基本

小さな会社の節税のポイントは**社長の給与のとり方**にあります。会社の年間の利益を見積もって、その利益のほぼ全額を社長の役員給与としてとり、**会社には利益が残らない**ようにするのが節税の基本です。会社の規模が小さいうちは、社長個人にかかる税金よりも、会社にかかる税金のほうが大きいので、**会社の利益をなくして会社には税金がかからない**ようにするというわけです。

ここで注意したいのは、役員給与は、**毎月同じ日に、同じ金額を支給する必要がある**ということです。毎月同じ日に、同じ金額が支給される役員給与を**定期同額給与**といい、これ以外の役員給与は会社の費用として認められません。

たとえば、3月決算の会社で、4月から社長の役員給与を毎月30万円支給していたところ、今期は利益が出そうだから10月から50万円にアップしたとします。しかし、10月から支給された役員給与50万円のうち、20万円（50万円 － 30万円）の6か月分の120万円は会社の費用として認められないので注意してください。

第8章 経理のやり方と節税ポイント

● 社長の給与の上手なとり方

```
年間の利益を予測する
    ↓ → 500万円と予測

役員給与を決める
（多少の赤字になるように決める）
    ↓ → 45万円×12カ月
         ＝540万円

毎月同じ日に同額を支給する
    ↓ → 毎月45万円

会社の利益
    ↓ → 40万円の赤字
```

会社には税金がかからない！ *

＊ 法人税はかからないが、法人住民税の均等割7万円はかかる

コラム 面倒な経理は会計ソフトで解決！

毎日の経理は、知識や経験のない人にとってはなかなかやっかいな作業です。そこで、パソコンの操作ができるなら、会計ソフトを使うことをおすすめします。

会計ソフトは、領収書などのデータを入力することで、さまざまな会計帳簿を作成する機能をもっています。便利なのは、1つの帳簿にデータを入力すれば、連動してほかの帳簿にもそのデータが入力される点です。たとえば、仕訳の入力をすれば、そのデータは月次試算表にも決算書にも転記されます。手書きだと、たった1カ所の数値を修正する場合でも、ほかの帳簿の関連する箇所をいちいち修正しなくてはならず、面倒です。計算ミスもなくなるので、経理は初心者という人でも、

慣れれば非常に役立つツールです。

個人事業者向けから法人用まで、さまざまな会計ソフトがありますから、用途や予算に応じて、あったものを選びましょう。価格でいえば、1万円程度のものから10万円を超えるものまでありますが、仕訳から決算書の作成を行うという基本的な機能は、ほとんどの会計ソフトで共通です。価格の違いは、機能性や拡張性の部分です。たとえば、ひと通りの経理作業ができればいいのか、それとも経営分析をするための資料まで作成したいのか。あるいは1店舗（事務所）の管理でいいのか、複数の店舗の管理を行いたいのか、といった目的の違いにより、必要な機能を備えたソフトを選ぶことになります。

索引 ● INDEX

あ行

青色欠損金の繰越控除……76
青色欠損金の繰戻還付……76
青色事業専従者給与に関する届出書……132
青色申告……130・176・178・190
粗利益……60
インターネット……120
売上原価……60
売上高……60
(事業の)運営のルール……100
運転資金……66
営業……108

か行

開業資金……66
角印……82
株式会社の設立……62・65・140
基準期間……184
給与計算……166
給与支払事務所等の開設届出書……134・152
給与所得控除……182
給与所得者の扶養控除等申告書……158
給与明細書……169
共同経営……102
許認可……78
銀行印……82
金融機関……98
経営計画書(経営プラン)……60
経営セーフティ共済……124
経常利益……60
確定申告……186

決算書……188
決算日……186
原価率……60
健康保険……164
源泉所得税……134・136・166
源泉所得税の納期の特例の承認に関する申請書……136
源泉徴収……166
源泉徴収票……170
現物出資……148
広告・宣伝……116
公証役場……146
厚生年金保険……164
合同会社……140
固定支出……66
雇用通知書……158
雇用保険……160・162
個人事業……62・64
個人事業の開業・廃業等届出書……128・138

ゴム印……82

さ行

サービス……114
仕入れ……104
仕入原価……110
事業計画書（事業プラン）……48
事業コンセプト……52
事業税……180
資金調達……68
自社の強み……58
品揃え……114
社会保険……164
従業員の採用……158
従業員の募集……156
住民税……180
出資金……148
出資金の払い込みを証する書面……148
小規模企業共済……124

商号……80
消費税……184
所得税……134・166
所得税の青色申告承認申請書……130・152
助成金……74
白色申告……130・176・178・191
人脈……122
請求書……174
制度融資……
節税……190・192
絶対的記載事項……144
(会社の)設立登記……150・154
総原価……
相対的記載事項……144
損益計算書……188

た行
貸借対照表……188
退職後の社会保険……45
退職時に受けとる書類……43
退職願い……43
代表者印……82
ターゲットの客層……56
単式(簡易式)簿記……176
(不動産の)賃貸契約……92
定款……144・150

な行
日本政策金融公庫……68・70
任意的記載事項……144
年末調整……170

は行
販売価格……110
パンフレット……86
必要経費……60・180・182・190
複式簿記……176・178・190
フランチャイズ……36

197

ま行

ホームページ……88
補正……150・154
法務局……150・154
法人成り……138
法人設立届出書……152
法人税……180・183
変動支出……66
マーケット調査（リサーチ）……54・112
マージン率……104
名刺……84

や行

役員給与……180・192
屋号……80
預金……98

ら行

リース……96・106
リピーター……118
領収書……174
労災保険……160・162
労働保険……160

アルファベット

e-Tax……128
SEO……120
SOHO……94

〈著者プロフィール〉
高橋敏則（たかはし・としのり）

公認会計士・税理士。
アーンスト・アンド・ウイニー会計事務所、監査法人を経て独立。現在、高橋会計事務所代表。経理・財務・税務の指導ほか、中小企業の経営コンサルティングを行う。独立・起業の支援から節税対策、資金繰り、税務調査など、経営全般を強力にバックアップする、経営者のパートナーとして評価が高い。わかりやすい経営アドバイスに定評があり、全国で講演会を数多く実施（国際会計教育協会、税理士会支部、税務研究会、銀行関連会社、商工会議所など）。
著書に『小さな会社の節税アイデア160』『個人事業の節税アイデア115』『小さな会社にお金を残す節税の法則』『儲かる会社に変わる本 小さな会社が大きく稼ぐための110のアイデア』（いずれもダイヤモンド社）、監修書に『個人事業のはじめ方と運営』(ナツメ社)、『フリーランス・個人事業の青色申告スタートブック』（ダイヤモンド社）など多数。

これだけは知っておきたい「独立・起業」の基本と常識

2012年9月15日　　初版発行

著　者　高橋　敏則
発行者　太田　宏
発行所　フォレスト出版株式会社
　　　　〒162-0824 東京都新宿区揚場町2-18　白宝ビル5F
　　　　電話　03-5229-5750（営業）
　　　　　　　03-5229-5757（編集）
　　　　URL　http://www.forestpub.co.jp

印刷・製本　萩原印刷株式会社

©Toshinori Takahashi 2012
ISBN 978-4-89451-527-7　Printed in Japan
乱丁・落丁本はお取り替えいたします。

大好評! フォレスト出版の「これだけは知っておきたい」シリーズ

これだけは知っておきたい「会計」の基本と常識

ISBN 978-4-89451-285-6　公認会計士 乾隆一 著　価格 1,365円（税込）

これだけは知っておきたい「税金」のしくみとルール 改訂新版

ISBN 978-4-89451-508-6　公認会計士・税理士 梅田泰宏 著　価格 1,365円（税込）

これだけは知っておきたい「原価」のしくみと上手な下げ方

ISBN 978-4-89451-169-9　公認会計士 久保豊子 著　価格 1,365円（税込）

これだけは知っておきたい「決算書」の基本とルール

ISBN 978-4-89451-517-8　公認会計士・税理士 村形聡 著　価格 1,365円（税込）